「お金と心理」の正体

マーケティングの極意は「金融」にあり

ADK金融カテゴリーチーム

経済界

はじめに　「金融」に最も強いマーケティングがある

お金は人々にとって、嬉しい存在、憧れ、安心の証である一方、ときに不安のもとにもなります。お金と向き合う人（消費者）のそのときの状態や気分、価値観で、存在が大きく変わるのです。

私たち、広告会社アサツー ディ・ケイ（以下ADK）の金融カテゴリーチームの仕事は、その消費者の複雑な心理を探り当て、うまくコミュニケーションに反映することで、実際に消費者を動かし、その結果「商品が売れる」仕組みをつくることです。言い換えれば、消費者が動く「ツボ」を見つけて、それを正確に押すわけです。

金融マーケティングは、商品がお金＝金融商品・サービスという「消費者によってその価値が決められるもの」です。そのため、施策の結果が、よりダイレクトに表れます。ときには、まったく反応がなかったり、逆効果だったりということもあります。

つまり、ツボ探しを非常にていねいに深く行わなければならないのです。

この「お金と心理」の関係を探究し、購買行動の本質に迫る行いには、実は従来のマーケティングの課題解決へのヒントが大いに含まれています。

従来のマーケティングで陥りがちな、調査・分析と現場の乖離や、高品質と低価格が対立するトレードオフなどは、いわばツボ探しが表層的で短絡的になってしまっていることが一因だと考えられます。

しかし、金融マーケティングは、商品がお金という抽象的な存在であることから、人間の心理にまで掘り下げて徹底的に、消費者ニーズを捉えます。トレンドや理論だけで単純に成果があがるものではありません。ここにマーケティングの本質があるのです。

ＡＤＫ金融カテゴリーチーム発足時からリーダーを務めている私、森永は、もともとは国内大手の家電、通信関連、インスタント麺などの食品関連、そしてファッション&化粧品関連と、どちらかといえば身近でなじみがある商品やサービスの広告戦略開発に長年携わってきました。

そんなある日、当時の上司から突然、呼び出しを受けたのです。

「実は、銀行のテレビＣＭのコンペがあるんだが、やってみないか？」

しかし、当時の私は、金融なんて全く分からない、お断りしよう、というのが正直な気持ちでした。ところが、

「なぁ、面白そうだろう⁉　商品は〝お金〟だぞ」

私の気持ちを知ってか知らずか、彼は生き生きとした表情で畳みかけるように言葉を続

けたのです。

気がつけば、翌日、その銀行クライアントの担当営業と、朝から打合せをしている自分がいました。苦労した甲斐もあり、そのコンペは勝利し、それがきっかけでその銀行グループ傘下のいくつかの会社も担当するようになりました。

実績がさらなる成果を呼び、半年足らずで20を超える案件を抱えるようになり、その勢いに乗じて、翌年1999年、「ADK金融プロジェクト」が発足したのです。

当時、私の気持ちも徐々に変化していきました。1年後には、「金融は、食品や化粧品のマーケティングとは違った面白さがあるぞ！」に変わり、さらに5～6年後には、「金融のマーケティングほど面白いものはない！」と確信するまでになったのです。

そこまで、私を惹きつけ魅了した理由は、金融商品や金融サービスを通して、人間の強さや弱さ、切なさや健気さ、気高さや傲慢さ、喜びや恐れ、そして見栄やプライド……つまり人間の「業」といったものが垣間見れたからかもしれません。

お金は人間の心をときに丸裸にします。そしてときに闇に隠します。それだけに、とにかく、振り回されるのです。つまり、金融のマーケティング、そしてコミュニケーションは、一筋縄ではいかないのです。だからこそ、面白い！

この点をアピールすれば、注目してくれるハズ！　この部分を説明すれば、その気になってくれるハズ！　動いてくれるハズ！……が、動かない！　はじめた当初は一般消費財で通用したマーケティングがことごとく通用しませんでした。

試行錯誤を繰り返し、数多くの案件を経験し、気がつけば15年近くの年月が経っていました。その間、本書の共同執筆者でもある、クリエイティブ部門の中井川功とデジタル部門の埴原武もコアメンバーとして加わりました。

そして、振り返ると、この15年間で約250社のクライアントに携わり、金融プロジェクト・メンバーが体得したナレッジが、地層のように積み上がっていたのです。

2014年、金融プロジェクトは、「ADK金融カテゴリー」に名を変え、新たなスタートを切りました。これを機に、私たちは、これまでクライアントと培ってきた知見やノウハウを、一度、一冊の本にまとめてみようと思い立ちました。

今回、金融やマーケティング関係者はもとより、それ以外の多くの方にも、楽しんで読んでもらうために、この本は、できるだけ分かりやすく仕上げたつもりです。

難しいマーケティング用語も使っていません。気軽な気持ちで、お読みいただければと思います。そして、皆様の日々の業務に少しでもお役に立てれば幸いです。

ADK金融カテゴリーチーム・リーダー　**森永　賢治**

目次

「お金と心理」の正体

マーケティングの極意は「金融」にあり

はじめに 「金融」に最も強いマーケティングがある……001

第1章 なぜ今、金融マーケティングなのか

経済行動の本質に迫る金融マーケティング……016
金融には長らくマーケティングは必要なかった……016
モノのマーケティングを追い越した金融マーケティング……019
人を動かす「ツボ」がある……022
押す「ツボ」によって人間は動いたり逆効果だったり……022
表層のニーズだけでなく深層心理も含めて考える……026
世代特有の心理傾向も一つの「ツボ」になり得る……028

人間は「損」を嫌い「お得」に満足感を得る……031
脳の内部まで調べて、コミュニケーション・ギャップを修正……033

これから持たなければならない金融リテラシー……036
ほとんどの人が持たない金融リテラシー……036
金融リテラシーやセンスを身につけていない背景は……039
時代の移り変わりで金融への対応も変わっていく……041

第2章 人を動かす8つのツボ

ツボ1【企業柄】
「一生付き合える」イメージを定着させる……044
消費者と金融機関の関係は「モノを買って終わり」ではない……044
その企業らしい活動を続けると、企業柄が定着する……048

ツボ❷【3層論】
ブランドは3層構造でつくり上げる……052
独自の「ポジション」が企業の存在価値を高める……052
ブランディングの基本は3層構造にあり……054
「銀行だってサービス業」で、企業柄を形成したりそな銀行……060
ツボ❸【二面脳】
表と裏の感情が同居する消費者心理をつかむ……064
定量調査では測れない人間の本音を探る……064
冷静さと高揚感、両極端が同居する消費者心理……068
アクセルとブレーキのバランスを考えて、消費者の気持ちをつかむ……070
ツボ❹【面倒壁】
心理ハードルを下げるコミュニケーション法……073
なぜ消費者は、金融＝面倒と感じてしまうのか？……073
エレベーターに鏡を設置したら、クレームがなくなった理由……075
「読むのをやめた」と言わせないノンストレス情報提供法……077
数字のインパクトで消費者の「面倒壁」を打ち破る……079

消費者を肯定すれば心理ハードルを突破できる！……081
立場の違いを超えて握手するためのコミュニケーション法……087
ツボ5【多数派】
日本人の「横並び意識」をマーケティングに活かす……089
「同期のあいつも始めたらしい」に団塊世代が流された理由……089
なぜ金融リテラシーがない「一般人の意見」にみんなが従うのか？……092
消費者の「自分ごと化」につなげる数値データ……096
ツボ6【時間軸】
消費者の一生まで見据えたアプローチ……099
消費者の一生を見据えたサービス展開が重要……099
「今は借りなくてもいい」ローン商品が、売り上げを伸ばしたわけ……102
複雑な生命保険商品こそ、シンプルさでアプローチせよ……105
ツボ7【顧客像】
ターゲットの「仲間入り」意識を刺激する……108
消費者の「仲間入り」意識がマーケティングのカギ……108
「フォー・ユー」の強調で、特別感・優越感を与える……111

新しい顧客像を求めて勝ち組に入った「モビット」……114
ツボ8【人肌感】
人が介在しないところこそ、人肌感を演出する……117
機能を重視し過ぎると、人を遠ざける結果を生む……117
ホームページは企業柄をお披露目する場所でもある……119
健康食品の通販に学ぶ「コミュニティ感」訴求戦略……121

第3章 心理を捉える金融マーケティングの手法

手法1【イメージ・ポジションMAP分析】
自社の進むべきポジションの確認法……126
情緒と機能の2点で金融機関のイメージを把握する……126
手法2【ターゲット・プロファイル分析】
攻略すべきターゲットを「見える化」する……133

サイコグラフィック特性から詳細なプロファイルを作成する……133
手法❸【逆アプローチ型ポジ・ネガ分析】
本質を引き出し、潜在的な強み、弱みを抽出する……140
質問の仕方を変えれば、消費者の本音が分かる……140
手法❹【ブランド・シナプス分析】
訴求ポイントを明確にし、少ない言葉でブランドを強化せよ……146
初めに着手すべきはメインとサブワードの抽出……146
ブランディングの重要な武器になる「ブランド&シナプス分析」……148
手法❺【メタファー分析】
「例え」が消費者と企業のイメージをつなぎ合わせる……153
形容詞では答えにくいけど、動物イメージなら答えられる……153
手法❻【ニューロマーケティング調査】
無意識を可視化して本音をむき出しにする技術……157
定量・定性調査で見えない〝真の興味関心度〟を把握……157
手法❼【ターゲット・フォトソート分析】
ブランドの個性は、ビジュアル分類で視覚化できる……164

顧客像や企業柄のイメージをあえて「見た目」で判断する……164
手法8【ワークショップ・グルイン】
会話より深い「インサイト」を導き出す……167
消費者の本音をいかに引き出すことができるか……167
共同作業をしながら、課題や解決策を探るグループワーク……170
全社を挙げた体制構築に役立つ「社内ワークショップ」の展開……177

第4章 消費者が動き出す広告の仕掛け

ターゲットを「行動」させるには？……180
コミュニケーションを「自分ごと化」から始める……180
金融商品の行動喚起には、強い「実感」が不可欠……182
ターゲットを突き動かした具体例……186
「想定外ファクター」がコミュニケーションの引き金に……186

ニューロマーケティングで「頭脳戦」を挑む……199
可視化できない商品を、いかに「必要」と思わせるか……205

第5章 金融マーケティングとインターネット戦略

インターネットの強みを最大限に活かす……208
インターネット広告の強みは、レスポンスコミュニケーションにあり……208
的確なPDCAを可能にしたインターネットの機能と強み……210
比較サイトの存在が金融商品の広告・販売を変えた……213
進展が著しいアドテクノロジー。「人」に着目した広告配信も登場……215
デジタルマーケッターの戦略……218
レスポンス向上を目指し繰り広げられる熾烈な競争……218
技術の進歩に合わせて必要性が高まるプロの人材……221

他媒体との連動が強大な力を生む……225
インターネット単独では、効果は薄い。カギはマスとの連動……225
全体のコミュニケーションの中で、インターネット戦略を考える……228
インターネットだからこそ力を入れたい〝消費者へのおもてなし〟……232
今後のメディア環境の変化と取るべき戦略……235
デジタルネイティブである若者向けの「囲い込み」……243

おわりに……246

本文デザイン◎ムーブ
編集協力◎エディット・セブン
企画協力◎㈱プレスコンサルティング　樺木宏

第1章

なぜ今、金融マーケティングなのか

経済行動の本質に迫る金融マーケティング

◉金融には長らくマーケティングは必要なかった

1999年、私たちは、金融業界に特化した戦略プロジェクトを立ち上げました。

ここで言う金融業界とは、銀行を中心として、証券会社、保険会社、投資銀行、リース会社、信販会社、貸金業者などを指します。これまでかかわった金融関連のクライアントは、250社以上になります。

この15年間、金融マーケティングは大きく変わりました。特に変わったのは、金融マーケティングそのものに対する意識です。

私たちが金融業界に参入し始めたころ、既に橋本龍太郎内閣が提唱し、推進した金融ビッグバン（1996年）から3年たっていましたが、

「金融にマーケティングなんて、あるの？」

真面目な顔をして、そう口にするマーケッターが多かったものでした。同じセリフを言う人は、一部の銀行関係の人たちの中にもいたほどです。

金融にはマーケティングがない、つまり消費者に購買を働きかける企業活動は必要ない、と言う人がいたくらいですから、金融、特に銀行マーケティングに対する意識は極めて薄かったと言えるでしょう。

これはムリもない話で、戦後、金融業界の中心に位置づけられる銀行では、国策として金融の安定化（経営を安定させ、倒産させない）を旗印にしたいわゆる護送船団方式で、店舗規制や新商品規制などを通じて過当競争をしないように指導されていました。

金融の安定化政策は〝倒産しない〟銀行のイメージを生んで人々の信頼を確かなものにし、国策である預金拡大を促しましたし、集められたお金は産業界に集中投資されて、日本が高度経済成長する礎となったのは事実でしたが、金融マーケティングにとってはその成長の芽を摘むものでした。

競争がないわけですから、各銀行にも消費者のニーズを探ったり、企業イメージの向上を図ったりすることが必要になるはずがありません。確かにこの時代には「金融にマーケティングは必要ない」のでした。

例えば、一部の銀行だけが目立つことも競争に拍車をかけることになりますので、広告活動はほとんど行われない状態が続いていました。

各行が行う個別の広告は全国銀行協会（全銀協）によって大幅に自主規制されており、媒体は新聞、雑誌、年鑑、店舗敷地内の看板、ショーウインドーなどが中心でした。新聞や雑誌の広告では、段数や、ページ数まで規制されていたものです。

企業イメージを訴えるにも、きれいな女性がほほ笑むポスターを行内に張り出して「こと足れり」とする時代であり、あるいは、監督官庁から指摘を受けないための告知、例えば「正月、ＡＴＭの動かない日」といった告知をすればいい、という程度の意識でした。

少なくとも、広告においては、銀行による差別化は、ほとんどなかったと言えるでしょう。

それでも金融の国際化や自由化、規制緩和の波は着実に押し寄せていて、それは広告活動にも影響を及ぼすようになります。

全銀協によって、ラジオの広告規制が撤廃されたのは１９９０年６月、テレビのＣＭ広告が解禁されたのは１９９１年１月、タイアップ広告や協賛広告が解禁されたのは１９９３年３月でした。

１９９０年代初めの広告自主規制が次々と撤廃されていく先に、金融ビッグバンという大幅な規制緩和が行われました。これによって銀行の横並びで競争のない、護送船団方式が崩壊し、さらに銀行、保険、証券の代理業務の解禁によって、金融業界の垣根が一挙に取り払われていきます。

何より、これまで「法人」を中心に利益を上げていた金融各社が金融ビックバンにより、「個人」に向かざるを得ない状況になったことが一番大きかったと言えるでしょう。

◉モノのマーケティングを追い越した金融マーケティング

ただし一般消費者相手の金融マーケティングには、とても重要な、しかも難しい条件がありました。

というのも、お金を「商品」にする金融の世界でマーケティングを考えようとしたとき、ある一つのことが、他の業界と決定的に違っていたからです。

その一つのことというのは、

「商品であるお金に、形がない」

ということでした。

モノを中心とした他の業界のマーケティングが、そのままでは役に立たないのです。

預けるお金、借りるお金、運用するお金、そのお金は預金通帳や保険証券となって目の前にあるのですが、そうした通帳や証書はお金そのものではありません。お金はその向こう側で、別の顔をしている、抽象的な別存在です。

そのお金とは何か。人間の生活や心理との関係は、どのようなものか。そうしたことを金融マーケティングに携わる人たちは、考えなくてはならなかったのです。

それをどのようにクリアしていくか。その難問を突き付けられていたのです。

このため金融マーケティングは、かなり特異な、独特の形で、つまり他業界がこれまで何十年もの歴史の中で培ってきたマーケティングとはまったく異なる様相で、発展せざるを得なかったのでした。

現在の形が完成形とは言えませんが、金融マーケティングは一番最後にスタートしたにもかかわらず、この20年ほどで旧来のマーケティングに追いつき、ある面で追い越したとも言えます。

しかし、独特の様相で発展した、その金融マーケティングの独自性という事実については、意外なほど知られていません。

マーケティングというものを、一度、考え直すためにも、もっともっと知られていいことではないかと思います。

というのも、他業界も経験し、金融マーケティングに15年あまり携わったメンバーからすると、これまでのマーケティングでは解決が見出せなかったことが、この金融マーケティングには解決策のヒントとして含まれていると確信するからです。

従来のマーケティング手法では解決できないことが解決できる、そのヒントが金融マーケティングにはあると言いましたが、それは第2章以降をご覧いただければ、おのずと納得していただけると思います。

形のないお金というものと人間の心理の関係を、試行錯誤しながら追究し、分析してきた結果が、第2章以降には整理されて紹介されています。

人の購買行動の本質に迫るものですから、従来のマーケティングになれた方々にも、大いに参考になるはずです。

人を動かす「ツボ」がある

◉押す「ツボ」によって人間は動いたり逆効果だったり

ここではそれらの前提である「お金と人間の心理」について、私たちがどう考えているか、具体的にご紹介していきましょう。

「お金」は私たちに、そのときどきの、自分が置かれた状況によって、まったく異なる表情を見せます。

ときにはうれしい存在で私たちをワクワクさせることもあり、ときにはあこがれの存在、あるいは安心の証であったりします。しかし逆に不安のもとになったり、恐ろしい存在になったりします。

これはお金という商品が価値の尺度そのもので、お金と向き合う人々の在り様がさまざまなことを表わしています。その人が置かれた状態や気分によって、とらえ方（価値）が大きく変わるのです。

某証券会社が、かつて非常に興味深いテレビＣＭを流したことがあります。場面は、とある海外の小さな理髪店で、どうやらその日は給料日という設定です。ストーリーはこうです。店の主人が従業員の若者に、

「この給料の2割を貯金するように」と言うと、若者は、

「無理だ！」と答えます。しかし主人が、

「それなら、この給料の8割で暮らしてごらん」と言い替えをしてみると、何と若者は、

「やってみる」と答えたのです。ＣＭではテロップで、「人は思い込みにより、事実を正確にとらえていないことがある。～フレーミング理論より～」と続きます。

「フレーミング理論～思い込み床屋篇」と銘打ったちょっと前のＣＭですが、ご記憶の方も多いと思います。

ここに出てくる「フレーミング理論」とは行動経済学ではよく語られるもので、フレーム（視点や基準、あるいは表現）を変えることで異なる印象や判断に導かれる、いわゆる「心理的バイアス」です。

つまり心理の「ツボ」の押す場所を変えることによって、人は動いたり、まったく反応

しなかったりするわけです。

このツボが、いろいろなモノとしてのプロダクツであれば、どこを訴えれば市場が反応する、動くということが見えやすいのに対して、お金＝金融商品に関しては、ここがツボだろうと思って押すと、逆効果だったりします。

「ここと思えば、またあちら」

下手なモグラたたきのようなもので、ツボを間違うと、的をいつも外してしまうことになります。

視点や基準を変えることで判断、印象を変えるフレーミング理論は、金融におけるコミュニケーションで、よく使われる手法です。

私たちが経験したことで、ある地銀さんでの例があります。

それはローン商品をどう表現するか、というものでした。

ローンについて、金融機関は上限の貸出枠を出そうというのが、一般的です。50万円まで貸しますとか100万円まで、あるいはうちはもっと上の500万円まで貸せます、と告知します。

しかし、ローンという商品をお客様の心理を想像しながら考える、すなわち借りる立場から言えば、どこかおどおどしたところがあります。不安があります。

たくさん借りて返せるだろうかとか、返せなくなったらどうしようとか、考える人も多いのではないでしょうか。

としたら、上限のお金を提示するだけでなく、下限の例えば1000円から借りられますというラインも出してはどうか、という提案をしました。上のラインを見せるだけではなく、下の低いラインも見せて、安心させるのです。

このときには、下限を出した表現と、出さない表現の2案、新聞広告として同時に流したのですが、圧倒的に「下限を出した表現」に反応が集中しました。

特に主婦のお客様に好評で、新規申込が3倍近くに増えたのです。

同じ商品の広告なのですが、これだけ反応が違ったということは、上限だけを提示することが、この場合、ツボではなかったことになります。むしろ多くの人々にとっては逆効果で、逆に1000円から借りられますとハードルを下げたことがツボだったのです。

同じ商品、同じサービスであっても、お金と人間心理との関係で、どの部分、どの視点、つまりはどのようなフレームで見せるかによって、人々が動いてくれたり反応がなかったりするわけです。

◉表層のニーズだけでなく深層心理も含めて考える

これは一般の商品だけでなく、企業イメージのアピールなどでも同じです。

私たちはこんなことをしている会社です、という訴求で、表現の出し方、ツボの押さえ方を間違えると、お客様には胡散臭い金融機関と思われたり、ネガティブにとらえられてしまったりすることになります。

現代は特に銀行に足を運ばなくとも、インターネットの取引やコンビニでのお金の出し入れができる時代なので、金融機関のイメージの出し方が難しくなっています。

これは第3章で詳しく取り上げますが、例えばある銀行が自ら持つイメージと、一般消費者がその銀行に抱くイメージが合致しているのか、あるいはずれているのか、という問題があります。

金融機関ではないのですが、ある企業の例でいうと、内部でのイメージは動物で例えると「トラ」でした。だが、外部の一部ユーザーではなんと「マンモス」でした。

トラというイメージは肉食でイケイケで、フットワークも軽いからというものでした。かなりいいイメージを内部では持っていたわけです。

しかし、外部のお客様からのイメージはマンモス。既にいなくなった動物で、イメージとしてはもう過去の存在。図体だけは大きいけれども、動きが鈍い、暑苦しいというものだったのです。それが外部での正直なとらえ方で、相当に内部と外部ではイメージがずれていたのでした。

ですから金融マーケティングには、表層的なニーズだけではなく、深層心理も含めた、どんなところに人々のお金、あるいは金融機関に対する向き合い方のヒントがあるのかを考え、追求せざるを得ないというところがあります。

とりわけ、現在はインターネットでの取引が急速に進んでいて、実際の金融機関の店舗に行かない取引が増えています。

インターネットについては、第5章で詳しく説明していますが、インターネットとのかかわりでは企業イメージの問題が特に重要になります。金融にとってインターネットは、情報提供、イメージ訴求の場であるとともに、店舗に変わるれっきとした取引チャネルであるということです。

これが一般商材とは違うところで、一番苦心するところではありますが、同時に一番面白い点だろうと思います。

◉世代特有の心理傾向も一つの「ツボ」になり得る

お金と人間心理の関係で、主だった例をもう少し、ご覧いただきましょう。

国際投信投資顧問のグローバルソブリン（略称：グロソブ）の新聞広告で、以前、「同期のあいつも始めたらしい」というキャッチコピーが使われたことがあります。

グロソブは、日本ナンバーワンの投資信託で、当時、団塊世代をコアターゲットにして積極的にアプローチしていました。大いに人気商品になったのですが、次第に頭打ち感が出てきていました。

そこで、それまで商品特性やパフォーマンス（運用実績）をうたい上げていたのをピタリとやめ、商品特性とはまったく関係のない、「同期のあいつも……」とやり始めたのです。これもフレーミングの代表的な例で、異なる視点からのアプローチでしたが、結果は大成功、グロソブへの関心を再度高めたのでした。

このグロソブの広告は、もう一つの観点から興味深いものがあります。

日本人の特に団塊世代における「横並び意識」をうまく活用している点です。この「周りのみんながやっている」というアプローチは、実によく効く「ツボ」なのです。

横並び意識は、言い変えると「平均好き」になります。「みんなの平均」が、ある意味で価値の尺度（ベンチマーク）になっていると言っていいでしょう。

実際、保険商品を選ぶ際に、まず人々が口にするのは、

「自分と同じ年齢、家族構成だったら、みんな、月々、どれだけ払っているの？」

というセリフです。

実はこのインサイトを上手に活用して、コミュニケーションに応用している場合も多く見られます。例えば、雑誌とのタイアップで、消費意識や実態を探るアンケートを行い、その結果（平均）を基に商品やサービスを紹介したり、ときにはアンケートの平均データをそのまま広告に使ったりします。

購買の一つの目安（平均）を与えて、それをきっかけとして、何気なく人々の行動を促すわけです。

ちなみに以前、とある金融機関のバナー広告で、

「日本のサラリーマンのお小遣い平均額は？」

というコピーのみを示し、それをクリックすると、答えが示された定期預金のキャンペーンサイトに飛ぶ仕掛けで、当時としてはかつてないほどのクリック数を記録したこともあります。いかに、「平均」という言葉にみんなが弱いかが、伝わる話です。

団塊世代という、いわば全世代を通じて群を抜いてマーケットの大きな世代の話が出てきましたが、彼らに特徴的な心理に触れておきましょう。

それは団塊の世代の人たちが自己主張の強い世代であることです。人口が多く、幼いときから厳しい競争を強いられてきた人たちですから、何ごとにも安易に相手の言い分を受け入れず、「自分」というものを強く意識して臨みます。

どんなに有利な金融商品であっても、すすめられて、

「分かりました」

と聞く人はいないのです。100％のパッケージ商品は買ってくれないのです。

100％をそのまま受け入れるのではなく、少なくとも3割くらいは、自分が考えて判断した、自分のジャッジでその商品を選んだというエクスキューズ、のりしろを商品特性に加えておかないと買ってくれないということです。

その商品を購入して、以後、有利に展開したならば、

「私が選んだのが当たった」

と3割の自己判断を強調できるし、逆にマイナスに展開したならば、7割のパッケージ部分を重視して時代のせいにしたり、金融機関のせいにできます。そのように世代特有の心理的傾向も、一つのツボになり得るわけです。

◉人間は「損」を嫌い「お得」に満足感を得る

みんなになじみのある「ポイント」（買い物ポイントなど）も、お金と人間の心理という点で強いかかわりを持っています。

月に一度「ポイント10倍デー」の日があるスーパーがありますが、その日は店内が異常なほど混み合います。つまり、この日ばかりはとみんながこぞって買い込むわけです。

しかし考えてみれば、すぐ傍の商店街では、毎週のように3割引セールをしているわけです。でも、ある程度の人の入りはあるものの、さすがにここまでは混みません。

よく考えてみれば、変な話です。というのは、いくら「ポイント10倍」と言っても、たかだか1割引です。これに対して商店街のほうは3割引。理性的に考えてみればどちらが得かが分かるはずですが、なぜか人々は「ポイント10倍」に殺到するのです。

どうしてこのような、非合理なことが起こるのでしょうか。

人の心の動き（インサイト）は必ずしも合理的ではないということになるのですが、人々はまず、そもそもポイントを「割引」としてとらえていないということです。つまりは、商店街の割引と比較しているわけではないのです。

スーパーの「ポイント10倍」に殺到した人々は、買い物をすることによって貰った「プラスαのプレゼント」であるという認識で、ささやかな貯金をする如く、「貯めることの喜び」を味わっているのです。

そして、ある程度ポイントが貯まって、それを使って買い物をしたり、旅行をしたりすると、現金を使ったときよりもはるかに「お得感」を感じるのです。

これは無駄な出費をせずに、「賢い買い物」ができた自分に対する満足感ともいえるものでしょう。いわばポイントは、自分が「賢い買い物」をしたという、累積された数字に裏付けられた、明確な「証」に他なりません。

そもそも人間は、「損をする」ことに対して非常に嫌悪感を抱きます。

行動経済学では、人間が損得の評価を絶対値ではなく、相対的に行っていることを「プロスペクト理論」で明らかにしています。同じ1万円という金額でも、損と得では同じ評価ではないのです。1万円損したときに感ずる不満は、1万円得したときの満足の2～2・5倍であるという調査結果もあります。

文字通り「お金を失う」わけですから、当然と言えば当然でしょう。しかし実はそれ以上に、「損をした自分のふがいなさ」に対して、怒りと自己嫌悪と恥ずかしさと不名誉を感ずるわけです。

つまり逆に言うと、「賢い買い物」は、得した金額以上に、自己満足という「名誉」が与えられるということになるのです。

◉脳の内部まで調べて、コミュニケーション・ギャップを修正

お金の価値、価格（コストパフォーマンス）意識は、一見非合理なようで実は明確な理由が存在しているのです。その複雑な心理をうまく探り当て、うまくコミュニケーションに反映していくのが、私たちの仕事というわけです。

一見、非合理な人々の心の動きが、よくよく突き詰めてみたら、大いに合理的な背景があったという経験を、もう一つ紹介しましょう。

これはパソコンの修理ビジネスの話なのですが、60歳以降のシニアの方を対象にしたあるグループインタビューで、こういう企業があれば利用しますか、と尋ねたのです。

その企業に、いったん登録しておくと、もしスマホやパソコンが壊れたときに、出張もしてくれるし遠隔操作で直してくれる。遠隔操作では、自分は何もしなくとも勝手にカーソルが動いて、修理してくれる。ただし、入会には、結構、高い料金が必要です。

「どうですか、会員登録して、利用する気になりますか？」

そう問いかけて考えてもらったのですが、「利用したい」と挙手した人は、何とそこに集まった方の半数以上でした。こんなに高い料金でも？　と驚いたほどです。

そうして理由を聞くと、「なるほど」とうなずく内容だったのです。

定年で引退して、家にいると、ただでさえ粗大ごみ扱いされて、居場所がない。ただ、掃除機がうまく動かないから直してほしい、というようなときには、工具箱を持って行って修理したりして、かろうじて自分の存在を示すことができる。

しかし、もしスマホやパソコンが動かないから、

「あなた、何とかして」

と言われたときに、役に立つだろうか。下手に自分でいじって、ぶっ壊したりしたらどうなることか。役立たず、と言われるだろうし、修理だけがあなたの取り柄だったのに、くらいのことを言われかねない。

それくらいなら、すぐにプロに依頼して直したほうがいい。

「自分のプライドをずたずたにされるくらいなら、少々高くてもお金を払います」

ということで、実は「プライド」が行動を惹起《じゃっき》したわけだったのです。

プライドや優越感は表面から見て、すぐにわかるものではありませんが、人間の行動に密接にかかわります。例えばアンケート調査などで表面に出てこないにもかかわらず、実

はツボがそこではなく、プライドだった、優越感だったというようなことが起こります。

第3章に「ニューロマーケティング」が出てきます。このニューロで実験をしたときに定量調査と違う結果が出てきたのが金融の世界でした。基礎化粧品や通販などについてもニューロと定量調査を比較してみたのですが、これらは、アンケートの結果と脳波の反応が、だいたい同じでした。

ところが金融では、アンケートではこう答えているのだけど、脳が反応しているのはまったく違うところ、と分かったのです。特に投資関係で明確に分かれていました。

アンケートでは、リスクヘッジとか、企業の安定性、元本保証などが最重要になる傾向が見て取れたのですが、脳波ではそんなことはどうでもよくて、優越感とかゲーム感覚などの因子が上位に来ていました。

ニューロという脳の内部を調べることで分かったことはたいへん多くて、私たちが広告をつくる際に、会社への信頼性をまず第一に考えてそれを強調する表現をするのですが、読む立場の人たちのモチベーションの源泉は、実は優越感であったりしたわけです。

こうしたコミュニケーションギャップを修正しながら、本当のツボを探していくことになります。

その結果、実際に人々が動き、商品が売れたときには、それはもう無上の喜びです。

これから持たなければならない金融リテラシー

◉ほとんどの人が持たない金融リテラシー

さて、金融マーケティングを考えていくときに、押さえておかなくてはならない大きなポイントとして、一般消費者の金融リテラシー（理解力や活用能力）がどうなのか、これからどうなっていくのかという問題があります。

借りるときには不安がよぎり、ボーナスをもらうときには嬉しくて、宝くじを買うときにはワクワクして……と心模様をいろいろに変えるお金ですが、もう少し大きな世界から見ると、借りたり、貯めたり、運用したり、とお金は常に動いていることによって私たちの経済が活性化します。

身体を流れている血液と同じで、ひとときも停滞せずに動いていることが、お金（通貨）

の基本的な性質です。

ですから、借りたり貸したり、運用したり、あるいは貯めたりという行為は、日常生活や人生の中では普通にあることで、どれも特別なことではないはずです。

欧米では学校で子どものときから教えられ、リテラシーとして持っていますし、センスも身につけています。本来は、このようなことを生きる上の教養として、だれもが普通に学んでいなくてはならないことです。

ところが日本人には、お金を運用する、投資する概念がたいへん薄かったのです。日本人にとって、どうも「貯める」こと以外のお金に関する行為、特に、投資する、運用するなどといったことには、特別と感ずるようです。「貯める」ことは、お金が通帳（銀行）の中に「とどまっている」感覚ですから、借りたり運用したりする「お金が動く」感覚は、普通の感覚では持てないのでしょう。

私たちは、中学や高校で「金融教育」をまともに受けてきていません。基本的にお金に対するリテラシーやセンスを身につけていないのです。

金融広報中央委員会が平成20年に、全国の20歳以上の男女個人4000人に実施した、「金融に関する消費者アンケート調査」を見ると、金融リテラシーの無さが浮き彫りになっています。

「(自分は)金融・経済の仕組みについてほとんど知識がないと思う」と答えた人は、
54・6%。
「金融商品についてほとんど知識がないと思う」と答えた人は63・7%。
「あると思う」は6・7%。
「あると思う」は4・7%。
同調査では、なぜこうした回答をするのかについても尋ねています。いくつかの選択肢から選んでもらう形ですが、数字が多いのは、
「金融というと、難しいイメージが先行して、積極的に情報を集めようと思わなかった。」……56・9%
「金融のことを知らなくても生活していける。」……40・4%
「金融商品等に関する正確で、かつ、解りやすい情報が十分に提供されていない。」……
34・7%
などとなっています。
まずは、情報について自分も集めようとしないし、十分に提供されてもいないと考えているようです。それに、金融について知らないことが、普段の生活の妨げにならない、とも考えています。

◉金融リテラシーやセンスを身につけていない背景は

こうした回答が現れる状況は、金融マーケティングに携わる私たちにも大いに考えさせることではあるのですが、背景を探ると、長らく、国民には金融についての知識などは必要がないとしてきた国の政策が大きく影響しているのではないでしょうか。

敗戦後の、食うや食わずの状況から脱して経済を立て直し、さらに高度経済成長を経過する中で、国に最も必要とされたのは産業振興の資金でした。

国は資金を国民の財布に求め、貯蓄を奨励し、預貯金を財政投融資などによって活用、運用したのです。貯蓄が国策であったのは、日本銀行に昭和27年、我が国の貯蓄政策を進める組織として「貯蓄増強中央委員会」の事務局が置かれたのを見ても分かります。

この組織は、「貯蓄広報中央委員会」（昭和63年）、「金融広報中央委員会」（平成13年＝2001年）と名を変えて現在に続いています。

まさしく金融ビッグバンが起こって、金融全般に対する情報発信、啓蒙が必要とされるのちまで、貯蓄は美徳であると、その増強と広報活動を推進してきたのです。

国民は「貯蓄する人」であり、そのお金を運用するのは、国や自治体、団体でした。

国民は貯める以外のことを考える必要もなく、学校での金融教育も欧米諸国に比べて貯蓄増強に偏した金銭教育が主体でした。

むろん、貯蓄奨励主体の金銭教育では、金融自由化や国際化、情報技術の進歩を背景にした金融環境の激変には、とても追いついていけるものではありません。

そこで、急速に金融教育が推進されることになるのですが、金融庁が文部科学省に対して学校での金融教育促進の要請文を出し、「金融改革プログラム」に金融教育の拡充を明記したのは2002年。たかだかここ十数年のことにしかすぎないのです。

金融リテラシーやセンスを身につけていない背景には、こうした日本の戦後の国策があることは間違いないことです。こうした事実は、私たちが金融マーケティングを考えていく上で、押さえていかなくてはならない重要なポイントになります。

というのは、一般消費者に必ずしも金融リテラシーがあるわけではない、という点を押さえながら発信していかないと、コミュニケーション自体が成り立たないということです。しばしば金融業界の人たちは、ある程度、一般に金融商品などへの知識があるだろうという前提で、情報を発信することがあるのですが、実際にはもっと基本的なところからコミュニケーションしないと、伝わらないということが多々あります。

先ほどのアンケートを見ても分かるように、100人いたら90人以上の方は、あまり知識がないし、金融のことなど考えてもいないことが、大げさでなく現実のことなのです。例えば質問を投げかけても、その質問の意味すらも分からない。そういうことが実際の日本人だということです。このことに、意外に金融関係の人たちが気づいていないし、関心すら持っていない場合が多いのです。

◉時代の移り変わりで金融への対応も変わっていく

ただし、一般消費者が、いつまでも金融リテラシーのないままで行くとは考えられません。今、だれにもそれが必要である時代状況にあるからです。

大きな社会状況としては、人口減少によって少子高齢化の渦中にあり、これからも改善される見込みがないことです。人口ピラミッドはかつては三角形の綺麗なピラミッド型をしていましたが、現在は糸巻状態で、やがて逆三角形になります。

当然、年金や医療費の増大などの社会保障において、厳しい問題が出てきています。経済環境もシビアな状態が続いています。国家財政も立ち行かないために、消費税も、さらに上がるでしょう。光のない状態で、だれもがこれから生きていかなくてはなりません。

どのようにしたらいいのかと考えたとき、一般消費者も、これまでとは違って金融リテラシーを身につける必要性に迫られるはずです。

一つは、自分の身の丈で生きることが強く認識されるでしょう。エコ社会が、その身の丈の中で生きる生き方の先鞭をつけたと思います。『ゾウの時間ネズミの時間』本川達雄・著（中公新書）にあるように人間は突出してエネルギーを使いまくっている存在ですが、正常に戻るためには身の丈の消費をする以外にないわけです。

そうして、エネルギーを使わない、節約する……といった生活は、長く続いた浪費が幸せの時代から見たら、しけた、みじめな感じがあったわけですが、あるときにそのことが格好いいと言われる時代になりました。

価値観が変わって、賢く生きる生き方、素敵な人生を送る手立てになったのです。

お金の世界も、同じになっていくだろうと思います。既にお金をたくさん使う、たくさん貯めることが、幸せであることにつながっていません。状況は確かにたいへんではあるけれど、その中で幸せに生きる、ということの中で、賢く借りる、上手に運用するということを学んでいき、金融リテラシーをおのずと身につけていくことになるでしょう。

もちろん、全員がリテラシーを身につけたりセンスを持ったりするのではないでしょうから、持つ人と持たない人の格差はどんどん広がっていくに違いありません。

このことも、金融マーケティングの当事者としては、考えておかなくてはいけません。

第2章

人を動かす8つのツボ

ツボ①【企業柄】

「一生付き合える」イメージを定着させる

◉消費者と金融機関の関係は「モノを買って終わり」ではない

金融機関が提供する商品やサービスは、家電やクルマのような「プロダクツ」ではありません。取り扱うのは、具体的な形がない商品です。

その商品も内容が複雑すぎたり、あるいは逆に他社のそれと似すぎたりするため、消費者はその良し悪しを判断することは極めて困難です。加えて、そもそも消費者のほとんどが金融リテラシーを持っていないわけですから、なおのこと取引相手としての金融機関やその商品・サービスを選ぶのに苦労します。

そこで消費者が、サービスを提供する金融機関や商品を選ぶにあたって、重要な指標として浮上してくるのが、その企業にそなわるイメージや雰囲気です。

確かに、金融に限らずいかなる業界でも、企業イメージはマーケティングにおいて欠かせない要素ですが、その重要性の度合いはまったく異なります。金融業界においては、極端に言えば「それがすべて」といっていいほど、不可欠なものなのです。

まず、それを端的に物語る身近な話題から始めましょう。

私たちは、銀行で口座を開いたり、保険に加入したりする際に、何気なく、「〇〇銀行（保険会社）とお付き合いを始める」という表現を使います。皆さんも、普通に言うはずです。

でも、考えてみれば不思議な表現だと思いませんか。

改めて言うまでもありませんが、「お付き合い」という言葉は、普通、企業のような非人格的な存在に対して使いません。血の通った、生身の人間に対して使うものです。事実、どんな国語辞典をひもといても、「人と交際する。まじわる。」と説明されます。

にもかかわらず、私たちは当然のように「〇〇銀行とお付き合いする」と口にします。

これは何を意味しているのでしょうか。

一般的な意味合いとしては、人は潜在的に金融機関を「人格化」して見ているのではないかということ。加えて、その金融機関の人柄のようなもの（私たちはそれを「企業柄」と呼んでいます）を基準に、

「この企業は、信頼できるかどうか、私とお付き合いする相手かどうか」を判断しているのではないかということです。

その根拠をお示しするために、そもそもなぜ、金融業界において企業イメージ（企業柄）がことさら重視されるのか。この部分をさらに突き詰めて考えてみましょう。

「プロダクツがない商品を扱っているから」「消費者に金融リテラシーがないから」というのは大前提ですが、それだけではありません。

背景にあるのが、消費者と金融機関の関係性の長さです。

事実、金融の世界における企業と消費者の間では、

「商品を買って終わり」

という、1回限りのやり取りで関係が終わることはほとんどありません。むしろ、口座を開き、サービスが始まったときからお付き合いはスタートし、その関係は長く続くのが一般的です。

特に、生命保険ともなれば生涯にわたって関係は継続されるだろうし、相続などを扱う信託銀行に関しては、次の世代にまで及ぶでしょう。そうであるからこそ、消費者は金融機関に対して、人生を共に歩むためのパートナーとして認識するようになるのです。

これはアンケート調査の結果を見ても明らかです。

ＡＤＫが「『一生付き合える』ことが重要だと思う業態」についてアンケートをとったところ、1位は病院に譲ったものの、2位から4位は金融機関が占めています（2位・生命保険会社、3位・銀行、4位・損害保険会社）。

長いお付き合いになるわけですから、単に商品がよいとか、サービスが便利だからといった表面的なニーズだけで、人は金融機関を取引相手として選びません。

むしろ、自分の価値観に合致する企業であるか、長期にわたって付き合っていけるパートナーであるかを重視します。

当然、その金融機関と付き合うことが自分にとってネガティブなこと、不名誉なことと見えるのであれば、お付き合いは御免こうむるのが普通です。日本人は横並び意識が強く、周囲の目を気にしますから、なおさらその傾向は強まります。

そう考えると、不祥事を重ねる金融機関は、ある意味、「致命的」と言えるでしょう。

「もし、その銀行をメインバンクに選んだら、周囲はどう感じるか」

「その選択をした自分自身の人格まで疑われるのではないか」

そこまで想像するのが日本人の習性なので選ばれるチャンスはぐっと低くなります。

実のところ、評判の悪い金融機関と取引すれば、必ず不信に思う人が出てくるし、逆にイメージのよい金融機関を取引相手に選べば、周囲に安心感を与えます。

例えば、一見、派手目の若い女性が財布からゆうちょ銀行のカードを出してお会計をする、そんなシーンを想像してみてください。

「一瞬、派手好きな女性かと思ったけど、実は真面目で素朴な女性なんじゃないか」

そう思ってしまう人も多いのではないでしょうか。

ゆうちょ銀行に備わっている「親しみやすさ」という企業イメージが、利用者のキャラクターに投影されたとみるべきでしょう。

つまり、金融会社はそれを取引相手として選択した人の価値観まで表してしまう。そうしたリスクやチャンスと隣り合わせの存在ということもできます。だから余計に人は、金融会社を選ぶ際にその対外イメージを気にするのです。

◉その企業らしい活動を続けると、企業柄が定着する

消費者は、何をもって企業柄を判断するのか。これは企業が自社の企業柄をどのように形成していくかという点で、ブランディングとも深くかかわる問題です。

結論から申し上げると、消費者から見えるものはすべて企業柄の構成要素になります。

代表的なものの一つが、その企業にまつわるニュースです。不祥事が報道されれば、悪

い企業柄が定着するし、よいニュースであれば、企業柄がよく見える。当然の話です。店舗の雰囲気や応対する社員（職員）の印象も重要です。消費者は対面ベースのさまざまな経験から、企業柄を判断していきます。

となると、お客様と相対する窓口の社員は、その企業柄を体現する存在であるということができます。だからこそ、そうした社員にとって肝心なのは、消費者の立場に立つこと。そしてその意識や心理に寄り添うこと、一致させることです。

特に「時間軸」に対する意識の一致、共有は極めて重要です。消費者は、「長く」お付き合いをすることを前提に、金融機関を利用します。

にもかかわらず、担当者が目先の利益や自分の成績ばかり気にして、商品を強引に売りつけようとしたらどうでしょう。一気に企業柄は悪化します。

「この金融会社は私が付き合うに値しない」

と判断されてしまうのです。

企業の社会的責任として、金融機関でも多くの企業が、ＣＳＲ（corporate social responsibility）に取り組んでいますが、これも企業柄の形成に大きく影響します。

ＣＳＲとは、結局のところ消費者に、「この企業は本当に社会的に素晴らしい活動をしているな」と思わせられなければ、失敗です。ブランディングという観点に立てば、自己満足では意味がありません。

では、どうしたら消費者に素晴らしいと思わせることができるのか。

ここでも重視しなければいけないのは、やはり消費者の意識や心理です。つまり、消費者から見える企業イメージに合致した活動が求められるのです。あくまでも消費者にとっての、「その企業らしい活動」、すなわち企業柄を反映した行動をとることが肝心です。

もし、それと掛け離れた行動をとるならば、消費者は必ず違和感を覚えます。消費者の意識に反するわけですから、コミュニケーションは失敗します。

少々極端な例ですが、普段から企業買収を繰り返し、従業員も問答無用に働かせ、リストラも激しい、見るからに肉食系バリバリの金融会社が「地球環境に配慮して、植樹活動に励んでいます」とアピールしたところで、消費者を感動させることができるでしょうか。

恐らくそれはムリです。ややもすると、「きれいごとではないか」「この会社がやっていることは偽善的だ」と捉えられて、ネガティブな印象を与えてしまうのが関の山です。

これでは、いかに、社会的に意義ある活動を行ったとしても、逆効果になりかねません。

もし自社のイメージをガラッと変えて、消費者の反応や心理を読みこんだ上で、戦略的にブランディングし直すのであれば話は別ですが、企業は自分たちのイメージを十分に意識して、それに合致した企業活動を行わなければ効果は出ません。

逆に言えば、その企業らしい活動を展開し続けること、あるいはしっかりとしたブランディングに基づいた活動を進めることで、消費者から高い評価を受ける、しかるべき企業柄が広く浸透するのです。

その点で、参考にしたいのがライフネット生命の取り組みです。ライフネット生命は、「保険料を半分にして、安心して赤ちゃんを産み育ててほしい」を理念に立ち上げられた生命保険会社です。

子育て世代を応援し、支えることが企業ミッションにもなっていますが、常にこのミッションに基づいたキャンペーン活動を行うことで、消費者からの信頼を勝ち取っています。

例えば、２０１３年の８月から９月末にかけて行われた、「お宅の家事を応援します。時間を有効に使おうキャンペーン」は、その一例です。

これは、キャンペーン期間中、同社の保険に新規加入した人のうち、抽選で「ダスキン愛情おてつだいギフトカード」がプレゼントされるというものでした。

単にユニークというだけでなく、子育て世代を応援するという、ライフネット生命独自の企業柄を反映させた活動をしている点が消費者からも大いに評価されました。

一貫してぶれることなく、その企業らしい行動を続けることが、ゆくゆくは企業柄の確立・定着につながり、コアなファンづくりに成功することをこの事例は表しています。

ツボ② 【3層論】

ブランドは3層構造でつくり上げる

◉独自の「ポジション」が企業の存在価値を高める

消費者から見えるものすべてが企業柄の構成要素になるといいましたが、中でも企業柄を形成する上で欠かせないのが、「ブランディング」と広告を中心とした「コミュニケーション」です。現在では企業柄を世に浸透させる2大要素といっていいでしょう。

金融機関は個人向けのリテールに舵を切る中で、自らの企業柄を深く意識せざるを得なくなりました。さらに、広告に関する各規制も緩和されたことで、こぞって対消費者へのコミュニケーションが重視されるようになりました。

そして、この流れを一段と力強いものにしたのが、金融機関の統合です。互いに文化が異なる銀行や保険会社が一つになる中で、これまで各社で築き上げてきたアイデンティティが失われた結果、新しい企業柄を打ち出す必要性が出てきました。

ＩＴの普及もこれに大きく影響しました。金融機関に足を運ばなくてもインターネット上で振り込みや振り替え、残高照会、入出金照会、住所変更などの手続きができるようになった結果、来店機会が少なくなり、その店舗の雰囲気、窓口の社員の応対などを通じて、企業柄をアピールするチャンスが減りました。従って、それを補うためにも、より企業ブランディングやコミュニケーションにかかる比重が大きくなっていきました。

結局のところ、企業柄はその企業に独自の「ポジション」を与えることを意味します。このポジションの構築が、金融機関の経営において、非常に重要になってきています。

日本の金融機関はバブル崩壊以降、合従連衡《がっしょうれんこう》を繰り返してきましたが、まだその数は多すぎるとの指摘があります。特に、これまで無風状態に近かった地銀や信用組合などの中小の金融機関にとっては、むしろこれからが生き残りをかけた正念場です。

バブルまでの護送船団時代ならいざ知らず、これからは数多くある金融会社の中で、「キラリと光る何か」を持っていなければ、存在価値を失い、生き続けることができない時代です。そこで必要になっているのが、独自のポジション構築につながる企業ブランディング。これを効果的に行えるかが、今後の企業の浮沈を占う重要な要素となっているのです。

◉ブランディングの基本は3層構造にあり

企業ブランディングにはいくつかの段階があります。

まずは、自らの企業柄を端的に、ステートメント（スローガン）として、世の中に発信することから始まります。これは、

「私たちはこういうことを大事にしていますよ、お客様に提供していきますよ」

と世の中に宣言することにほかなりません。

「ブランドプロミス」とも呼びますが、要は消費者への約束です。企業は消費者に対して、その企業ならではの姿勢を何らかの言葉で示して、それに基づいた企業活動、広告展開を実行していく。その中で、企業固有の人柄のようなものがだんだんと根付いていきます。

そうした一連のブランディング活動の出発点となるのがステートメントですから、これは極めて重要です。消費者の胸を打つ宣言文を発することができるかどうかで、消費者の信頼度、好感度も変わってきます。

しかし、これに失敗する金融会社は少なくありません。答えは簡単です。

「金融におけるブランディング構造」

を理解していないで、ステートメントを設定するからです。

金融ブランディングは、「3層構造」になっており、それぞれの層において求められていること、期待されていることが異なります。まずはその基本原則を確認しましょう。

土台となる1層目は、金融全体で求められている価値、期待されている価値を表します。金融と一言でいっても、銀行もあれば証券会社もある。保険会社も存在するし、クレジットカード会社もある。リース会社や信託銀行もある。いわばすべての業種をひっくるめた金融業界全体が求められていること、期待されていること、これが1層目に当たります。つまり金融業界全体のインフラであり、大前提となる価値項目です。

では、いったいそれは何かというと「信頼、安心、安定」です。

金融業界のどの業種が調査をしても必ず上位に来る項目で、「食」の世界でいうところの、安全性みたいなものといったら分かりやすいでしょう。いくら味がよく、価格も手ごろであっても、食べると健康にかかわるものであれば、そもそも商品として成立しない。そういう類のものです。特に、90年代の半ば以降、金融業界では、この「信頼、安心、安定」が非常に重視されています。

戦後日本の金融機関は絶対につぶれることはないと思われてきた時代が長く続きましたが、バブル崩壊以降、名だたる銀行、証券会社が不況のあおりを受けて、バタバタと破綻、倒産の憂き目にあいました。安全神話が崩壊したことによって、ひときわ消費者の目が厳しくなったのは当然です。

「自分が取引している金融機関は大丈夫だろうか」と不信の目で見るようになったわけですから、各企業はことさら経営基盤やシステムの安定性を強く打ち出す必要が出てきたというわけです。

2層目は、それぞれの職種で求められている価値、期待されている価値です。これは各業種によって大きく異なります。

まず「銀行」から見てみましょう。ADKが行った「『銀行』に関する意識・価値観に関する調査」によると、

「銀行の商品・サービスは、どこの銀行も同じようなものだ」

という項目が68・7%と高い数値を示しています。つまり商品力はほとんど重視されていないというわけです。

では何が重視されるかというと、店舗やATMの数。

ADK調査「『銀行』選択の重視点」においても、

「家や勤務先の近くに店舗がある」「店舗や窓口以外にも利用できるATMが多い」が、「『銀行』選択の重視点」の1、2位を占めています。自分の生活のすぐそばにある

か、思い立ったときにお金を引き出せるかといった利便性を非常に重視していることが分かります。

また、意外と、

「窓口担当者の対応がよい」

も、2割以上の人が重視しているのも見逃せません。

「証券会社」はプロフェッショナル性が重視されます。従業員の質はもとより、自分に役立つ情報を提供してくれるか、つまりは儲けさせてくれるかどうかを消費者は厳しく問うのです。

特に証券会社には、相当な額のお金を預けたり、高額商品を購入する顧客が多いため、特別感や優越感を求めます。自分に対して、その証券会社や担当者は何をもたらしてくれるのか、どうVIPな待遇をしてくれるのかを重く見ます。

かたや「保険会社」で重く見られる価値は商品力です。ADK調査「『生命保険』選択時の重視点」でも、

「支払保険料が安い（商品）」

が最も支持を集めています。そして、

「支払い時の対応が迅速」

が2位。つまり、アフターサービス、アフターフォローも消費者にとって気になる要素だということが分かります。

最後に、「クレジットカード」も見てみましょう。ADK調査「『クレジットカード』選択時の重視点」を見ると、

「年会費の安さ」

「ポイントやマイルという特典の充実さ」

という、お得感を表す項目が上位を占めています。そして、3番目に高い数値を示したのが、

「国内での使えるお店の多さ」

どこでも使える利便性も重視されています。

当然のことですが、この1、2層で出てきた項目はいずれも重要です。これがなくては業界が、その業種が成立しえないほどの最重要項目に違いありません。

とはいえ、これらの項目をステートメントとして宣言しても、その企業ならではの「企業柄」をアピールすることにはなりません。

金融全体の、あるいはその業種において等しく求められている価値ですから、ある意味、実践して当たり前のレベル。差別化や個性化を図ることは土台無理なのです。

金融ブランディングの3層構造

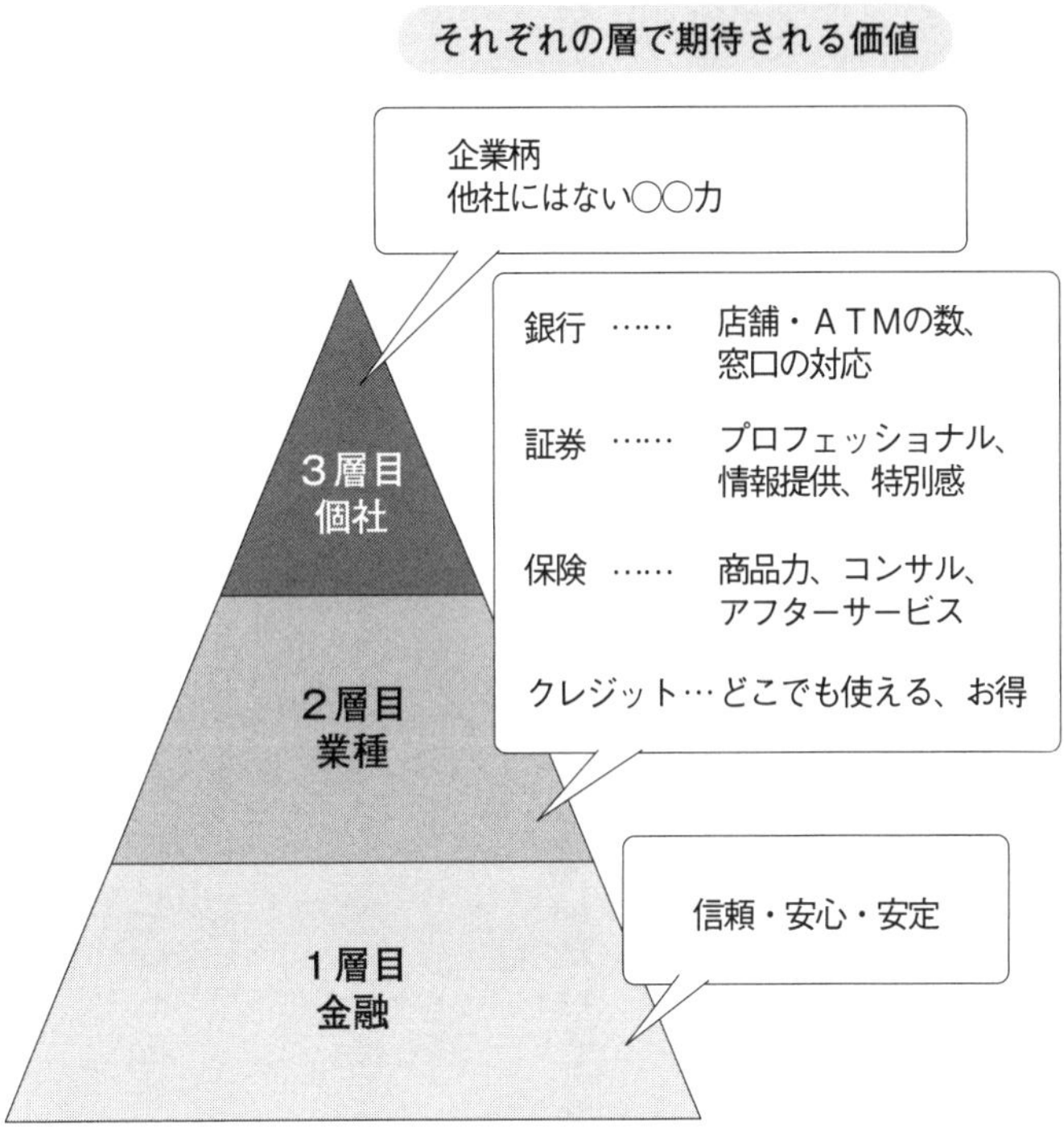

金融におけるブランディングは3層構造で、それぞれの層で期待されることは異なる。土台となる1、2層目の価値は実践して当たり前で、これだけでは、差別化や個性化は図れない

それを勘違いして、

「信頼と安心の○○銀行」

をステートメントとして取り上げても、消費者にとって何の新鮮味もありません。あらゆる金融機関について求められていることですから、これでは、コミュニケーション上、何の約束をしたことにもならないのです。

大事なことは、業界・業種の中に存在するあらゆる企業を見渡しても、差し替えができないステートメントを発すること。それが独自のポジションを築くことにつながります。

◉「銀行だってサービス業」で、企業柄を形成したりそな銀行

この独自の企業柄の形成に成功したのが、りそな銀行（りそなホールディングス）です。もともと、りそな銀行は、メガバンクらしくもなければ地銀らしくもない。金融業界の中では、微妙な立ち位置にありました。

その中でどう独自のポジションを持つか。それがりそな銀行における大きな課題でした。さらに、2003年、公的資金が入り、事実上の国有化。経営的にも、非常に厳しい状況に置かれました。しかし、だからこそ、ブランドを根本から見直す必要に迫られたわけ

です。

２００３年、新たに就任した会長が、就任早々、リーダーシップを発揮します。彼が、社内外に訴えたのが、

「銀行の常識は、世間の非常識。銀行はサービス業。」

でした。サービス業としての自覚を持ち、個人や中小企業のお客様をもっと大事にしようと、社を挙げて「真のリテールバンク」の確立にまい進することをステートメントとして宣言しました。

これは、当時の銀行や金融の常識を大きく覆すものでした。というのも、金融機関は自分たちがサービスを提供しているとはほとんど認識していなかったからです。日本の金融機関の中で、自らをサービス産業と規定したのは、このときのりそな銀行が初でした。

これは金融ブランディングの観点からみても、重要なことでした。業界内、業種内のどの企業も目を付けていなかった部分（サービス産業）に、同行の目指すべき方向性として焦点を当てたことで、金融ブランディング構造の3層目に、「サービス産業を担うりそな銀行」という独自の企業柄を明確に位置付けることができたからです。

そして、りそな銀行は、この新しい企業柄を社内に定着すべく、社内プロジェクトを立ち上げました。２００４年のことです。

プロジェクトのメンバーは未来を担う若手行員が中心。しかもりそな銀行の行員だけでなく、ホールディングス傘下の埼玉りそな銀行や近畿大阪銀行の行員もメンバーに加えました。加えて、私たちADK金融カテゴリーチームも、ブランディングの観点から、このプロジェクトのお手伝いをさせていただくことになりました。

プロジェクトでは、約半年間にわたって、

「サービス産業とは何か」

「銀行が提供すべきサービスとは何か」

を徹底的に模索し、企業柄の具現化に努めました。

そして、利用者に待たせない仕組みづくり、フレンドリーなレイアウトの導入、窓口の開設時間の延長など、さまざまな店舗改革に結び付けました。

同時に、着手したのが、

「女性に支持される銀行づくり」

これも金融機関では珍しい試みでした。実際に女性行員が中心になって、女性向けの商品・サービスを立案・実施しました。社内的にも、人事制度を含め、女性が働きやすい環境づくりに向けた改革を推進。社外に向けてもそうした改革姿勢をアピールすることで

「社員を大事にする会社づくり」

という企業柄の確立、浸透に努めました。

そうした努力の結果、窓口の対応の良さ、店舗の居心地の良さも含めて、銀行の中ではユーザー満足度の面でトップクラスの評価を受けるに至りました。

傷ついたブランドを立て直したい。そのためにも、具体的にトップが示したステートメントを、店舗や窓口、商品、社内制度をはじめ、一つ一つリアルの現場に落とし込んでいけるか。そこに、全社を挙げて取り組んだ成果と言えるでしょう。

新会長のリーダーシップに基づいたトップダウンによるステートメントの設定。そして、ボトムアップで形づくられた綿密な具体策。さらに、それを恒常的なシステムとして定着させることで、ブランディングに必要な「3層」（信頼・窓口の対応・企業柄）を、なんと同時に再構築したわけです。

ツボ③【二面脳】

表と裏の感情が同居する消費者心理をつかむ

◉定量調査で測れない人間の本音を探る

よく言われるように、人は誰しも二面性を持っています。「本音と建て前」、あるいは「オモテとウラ」の顔をうまく使い分けながら生活しています。

この「本音」の部分、言い換えれば「インサイト」にあたる部分を、他者が正確に把握することは非常に困難です。最も隠したい部分であるし、そもそも本人が自分の本音や裏の顔を正確に分かっていないということも多いからです。

実際、人は自分の行動の5%しか意識していないとする学説もあります。つまり、私たちの日常的な行動の多くは無自覚に行われているのです。

とりわけ、それが顕著に出るのがお金にまつわる行動です。自分自身を振り返ってみて

も、お金については、

「考えそのものがぼやっとして雲をつかむよう」

と感じる人がほとんどでしょう。状況やその時期において、お金に対する感情もそのつど変化してきますから、固定したお金観を持ちにくいということも影響しているでしょう。

とはいえ、無自覚に行われている、このお金にかかわる行動や感情を正しく把握することは金融マーケティングにおいて非常に重要です。

なぜかというと、本人さえ自覚していない人間の裏の部分にこそ、本当のニーズが隠されていることが多いからです。従って心理の奥底にあるインサイトをどのように探っていくか、ここがマーケティングの腕の見せ所でもあります。

金融分野に限らず、マーケティングの世界では、さまざまなリサーチ手法を活用して、利用者のニーズを探ります。

そして、一つの仮説を組み立てて、コンセプトをつくった上で、コミュニケーション全体を成り立たせる、枝葉にあたる部分の設計図を描いていきます。

どのメディアを使って情報を発信するか、訴求すべきポイントは何か、世界観はどうしていくか、プロモーションをどう仕掛けていくかといった具合に、コミュニケーションの各要素に落とし込みながら、効果的な展開を図っていくのです。

これがマーケティングの基本的なやり方です。

そのリサーチの手法として、これまでマーケティングの世界で多用されてきたのが「定量調査」でした。普段、新聞や報道番組などで接することが多い世論調査なども、定量調査の一種です。

また、単にアンケート調査などでデータを収集、数値化するだけでなく、それを基にしながら、ターゲットの意識や特徴を分析し、明確なターゲット像を導き出したりする高度なリサーチ手法も数多くあります。

いずれにせよ、インターネットでも、郵送でも、電話でも調査は可能ですから、世界中で幅広く行われているのが特徴です。

全体の構造が把握しやすい。

サンプルを数多く集めれば、それだけ消費者の声を凝縮させることができる。

数値化することで説得力もアップする……。

事実かどうかは別として、そのように思わせることができるところに、定量調査の強みがあります。

ただし、最近、金融の世界では、この定量調査に対する信憑性に疑問符がついています。消費者の本音や裏を引き出せていないという不信が生まれているのです。

「アンケートの答えは、その人の本音ではないのではないか」

「取り繕った答えではないか」

「そもそも、質問の意図を分かっていないのではないか」

そうした意見が、金融マーケティングに携わる実務担当者からも出ています。先日、ある雑誌社の企画で行われた座談会においても、参加した各銀行のマーケティング担当者の皆さんは異口同音に、

「定量調査はあくまで『参考』」

とはっきりおっしゃっていました。

理由はいくつかあるでしょう。

まずは、日本人の特性です。私たち日本人はとかくお金のことについて語るのを極力避けようとする習性があります。

お金を稼いでいても、逆にお金がなくて困窮していても、そのことを他人に露見されたくない。そっとしておいてほしいし、できれば隠したいという意識を強く持っています。定量調査において、本心をさらけ出すことに抵抗があるのも、理解できる話です。

さらに、見栄やプライドも関係しています。本当は金融リテラシーがないのに、まったく金融知識を持っていないのも体裁が悪い。なので、それを取り繕うような答えをしてし

まうというわけです。

また、金融リテラシーだけでなく、そもそもお金に対するポリシーを持っていない人も少なくありません。普段からお金に対してなんら意識することがないのに、急にアンケートをお願いされても、答えられるわけがありません。

加えて、先ほど申し上げたように、本人さえ、自分の本音や裏の部分を把握しきれていないという事情もあるでしょう。

その一方で、定性調査、つまりフォーカスグループスインタビューは、よりターゲットのインサイトを探る上では効果的ですが、人々の声から何を読み取っていくのかは、非常に難しいというのも事実です。

これを打開する手段の一つとして、近年、マーケティングの世界で活用され始めているのが、「ニューロマーケティング調査」です。

●冷静さと高揚感、両極端が同居する消費者心理

「ニューロマーケティング調査」は脳波を計測することによって、「定量調査」ではつかむことができない、人の無自覚から生じる行動原理や裏ニーズを、脳の活動から明らかに

する調査方法です。

脳科学の計測技術が進化し、精度が飛躍的に向上したことに加え、実験費用も低く抑えられてきたことで、使える分析手法として注目を集めるようになりました。

ADKでも、さまざまな機会でニューロマーケティング調査を実施していますが、その中からある事実が明らかになりました。

あるとき、基礎化粧品、通販の健康食品、そして金融（投資）について、アンケート調査（定量調査）とニューロマーケティング調査の二つの調査を実施したところ、基礎化粧品や通販の健康食品はアンケート調査とニューロマーケティング調査の結果がほぼ一致。アンケートで高い数値を示した答えは、脳波測定でも高い数値を示しました。

ところが、お金をテーマにしたところ、アンケートと脳波測定では大きく異なる結果が出ました。われわれもあらかじめ、アンケート結果と脳波測定結果には開きが出るだろうと考えていましたが、予想をはるかに超える結果に驚いたものです。

具体的な質問は「投資運用をする際に何に価値をおくか」でしたが、アンケート調査によると、

「元本が保証されている」

「業界最安値でお得」

「不況に強く、安定感がある」

「投資によって企業育成に貢献できる」

という答えが上位を占めました。非常に冷静で理性的な答えと言えるでしょう。

一方、脳波測定で上位を占めた答えを見ると、

「優越感が持てる」

「夢をかなえられる」

「毎日によい刺激がある」

といった、自分を突き動かす、前向き、能動的な答えが多くあがりました。

つまり、一人の人間の中に、両極端の心理が同居しているという事実が明らかになったのです。

◉アクセルとブレーキのバランスを考えて、消費者の気持ちをつかむ

なぜ、金融分野だけ、このような結果が出たのでしょうか。これは仮説ですが、金融商品（投資商品）はほかの商品に比べて高額であること。動くお金が大きいことも背景にあると考えます。

アンケートと脳波調査での違い

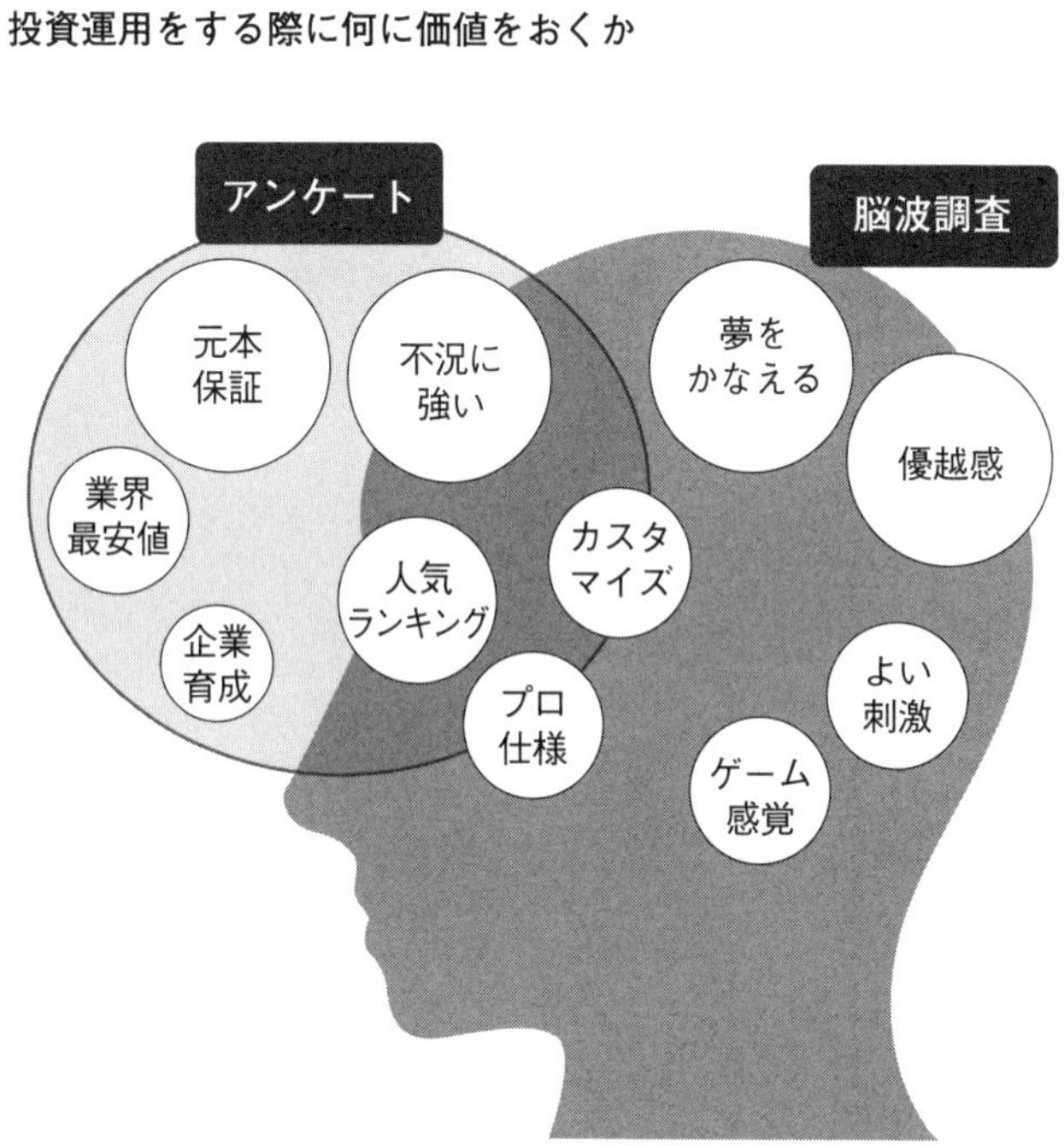

お金をテーマに、アンケートと脳波測定を行うと異なる結果が出る。アンケートでは、冷静で理性的な答えが上位を占める一方、脳波測定では、能動的な答えが多い。1人の中に両極端の心理が同居している

特に株式投資となると、100万円単位、場合によれば1000万円単位のお金が動くのも珍しいことではありません。だからこそ、

「思いっきり儲けたい、優越感を味わいたい」

と思う一方で、

「失敗したときのリスクが怖い」

といった、相反する気持ちも生じてくる。

つまり、そもそも人間は自動車でいうところの、「アクセル」と「ブレーキ」の両方を同時に踏みながら、「お金」と付き合っているのではないかということです。

金融コミュニケーションも、この「二面脳」の状態をよく理解した上で実施しなければ効果は出ません。すなわち、両方の側面を意識する必要があるということです。

アンケート結果だけを信じて、理性的な文言ばかりを広告に散りばめても、投資の魅力を伝えることはできません。

その一方で、脳波の測定結果のみに着目して、アクセルを強調したアプローチに偏ってしまっても、逆に人に不安を与えてしまい、商品の購入につながりません。

アクセルとブレーキのいずれも考慮しながら広告すること。これが消費者の支持を得る絶対条件なのです。

ツボ④【面倒壁】心理ハードルを下げるコミュニケーション法

◉なぜ消費者は、金融＝面倒と感じてしまうのか？

これまで何度か書いてきたとおり、金融コミュニケーションは、消費者の立場に立つことと、その意識や心理に寄り添うことから始まります。

では、ここで基本的な問題に立ち返ってみましょう。

金融商品について、多くの消費者はどのように感じているのか、の確認です。

ADKが行った「『生命保険』に関する意識・価値観調査」によると、7割以上の人が「生命保険のことを考えるのはついつい面倒に感じてしまう」と答えています。

これは生命保険に限った問題意識ではありません。金融全般において、この「面倒」という因子は一番のキーワードです。つまり、多くの消費者は、

「金融について考えることは面倒くさい」と思っている。これが現実です。

なぜ面倒なのか。一言でいうと、消費者にとって、金融商品は基本的に「よく知らない」「難しそう」「複雑そう」なアイテムで、それに加え、「どうしてもほしいもの」ではないからです。保険もローンもむしろ、やらずに済むのであればやらないもので、必然にせまられてイヤイヤやるのです。ここが「プロダクツ」がある商品と大きく異なるところです。

例えば、その対極にあるビールやクルマのような商品を考えてみてください。世の中にはビール好き、クルマ好きがたくさんいます。

そういうターゲット層に、購買意欲を植え付けるのは難しいことではありません。ビールをグラスに注ぐ。泡がゆっくりと上がって、グラスから少しこぼれる。ビール好きにとっては、たまらない映像です。

彼らは、もう理屈なしに、「そのビール、今すぐ飲みたい」と欲します。そう思わせるだけの力が、プロダクツ自体に備わっているのです。

しかし、金融商品にはこうした力はありません。消費者に潜在的な欲求がないからです。だから、自分にとって切実なことになり得ない。結果、面倒だと感じてしまうのです。

従って、効果的な金融コミュニケーションを行うには、まずこの「心理的なハードル＝面倒壁」を下げることが重要になります。そのためには「金融商品＝自分には関係がない」

という先入観を取っ払い、「その商品は君にも関係があるよ、必要なものだよ」と理解させることが重要なわけです。

◉エレベーターに鏡を設置したら、クレームがなくなった理由

面倒壁の敷居を下げるために必要なことの一つは、相手にストレスを感じさせないで、効果的に情報を伝えることです。

金融コミュニケーションから少し脱線しますが、利用者の心理を巧みに利用し、ノンストレスな環境構築に成功した事例があります。

海外のとある高層ホテルの話です。このホテルでは、時折、宿泊客から、

「エレベーターの速度が遅すぎる。何とかしてほしい」

とのクレームがあがりました。しかし高速エレベーターは費用が高く、導入できません。

そこでこのホテルではある対策をとりました。エレベーターの中に、鏡を置いたのです。

たったそれだけのことですが、以来、クレームがなくなりました。

なぜでしょうか。それを知るためにも、まず、利用者はなぜエレベーターが遅いと感じたのかというところから順序立てて考えていきましょう。

エレベーターが遅いと思ったのは、利用者は「エレベーターに乗っている時間が長い」と感じたからでしょう。

では、なぜ長いと感じたのか。たかだか数秒の違いで、物理的に時間が長かったというよりも、狭いスペースの中でずっと立たされていたということが大きいでしょう。

「長い」「遅い」はむしろ人間の主観が大きく関係するからです。

つまり、利用者はエレベーターの速度自体に腹を立てたのではない。やることがなく、手持無沙汰で、ただ立たされ続けている状態に、イライラ感を覚え、それが苦情につながったのです。

これが、クレームの根本的な要因ですから、これに対処すれば問題は解決します。その手段として設置したのが鏡だったわけです。

実際、鏡があれば、みんな自分の姿を映し出して身だしなみを整えたりしますから、手持無沙汰の時間がなくなります。「ムダな時間」が、むしろ「有効な時間」に変わるのです。

結果、エレベーターが遅いと感じなくなる。そこまで利用者の心理を読みこんだ上での対策だったのです。

◉「読むのをやめた」と言わせないノンストレス情報提供法

金融コミュニケーションも同じです。

イライラ感を与えず、スムーズにコミュニケーションを取ること、情報を提供することが何よりも求められます。そこには、「鏡」同様、何らかの工夫が必要です。

金融商品は、いざ契約をしてもらうとなれば、ていねいな説明が必要になります。基本的に消費者は金融リテラシーを有しているわけではないのでなおさらです。商品をじっくり説明して、納得してもらった上で、最終的に契約してもらう。その流れを適切にコントロールすることが必要です。

もちろん事は簡単ではありません。何せ相手は、金融は面倒と考えている人たちです。そうした人たちに、いかにストレスを感じさせず、途中で、

「読むのをやめた」

といわせずに、最後まで、説明に耳を傾けてもらうか。読んでもらうか。そしてその商品の必要性を感じてもらい、契約してもらうか。

金魚すくいと同じです。紙が破れないように、金魚をポイで掬って自分の椀に入れる。

つまり、細心の注意を払いながら最終的に契約まで至らせるわけです。

では、ここで金融情報のしかるべき提供の仕方について考えてみましょう。例えばホームページで情報提供する際には、何に気を付けるべきなのか。

シンプルで見やすいということは当然ながら、ホームページ自体の展開構造が重要だったりします。よくホームページの中には、「Aという情報がほしい人はこちらに」「Bという情報がほしい人はこちらに」という形でいずれかをクリックして、次のページにジャンプさせる方式が多くあります。便利なように見えますが、インターネット広告に詳しい加藤公一レオさんも指摘しているように、こうした構造だと、利用者の思考が分断される危険性があります。

すると、とたんに興味が失せて、読む気を起こさせなくしてしまいます。面倒壁に跳ね返されてしまうわけです。

むしろ、1ページを上下に長くとって、スクロールしながら読んでいった方がいい。あえて冗長に見えても、消費者の心理を考えれば、一筆書きのような形がふさわしいのです。

◉数字のインパクトで消費者の「面倒壁」を打ち破る

ほかにも消費者の「面倒壁」を突破するインパクトとして、数字を使うことも効果的です。特にお金と数字は、同じカテゴリーですから、親和性が高いのに加えて、消費者の食いつき度も高い。何よりも、速効性があるのです。

とある金融雑誌の編集長が、「『1億円』という文言を特集テーマにすると、雑誌の売れ行きが大幅にアップする」と言っていましたが、これは、「老後にかかる生活費は、1億円」からきた数字で、そのためには今のうちから何とかしなくては、という不安にかられた人々の重い腰を上げさせるスイッチになったわけです。雑誌ばかりでなく、「1億円」を効果的にタイトルに使った書籍も売れ行きを伸ばしました。数字が消費者を刺激するアイコンとして機能することを物語っています。

また、「お金」だけでなく「時間」においても、シンボリックな数字を活用することは効果的です。例えば、新生銀行が2007年から展開した「新生銀行に5分ください」キャンペーンはその典型でしょう。

これは、同行オリジナルの「5分で読める資産運用・読本」に目を通してもらうために

打った新聞広告のメッセージですが、５分という具体的な時間を提示したことで、いくら忙しい人でも、

「５分だったら、読んでみようかな」

と思わせるだけのインパクトを与えています。つまり、面倒壁の敷居を下げる効果があるのです。さらに、この新聞広告では、

「この５分間をきっかけに、86・７％の方が資産運用の必要性に気づきました」

「あなたの退職金は、14年で底をつくかもしれない？」

とキャッチコピーを打って、読者の関心を引き付けているところも見逃せません。約85％ではなく86・７％。10年でも15年でもなく14年。

このように具体的で細かい数字を出していることで、より説得力を増しています。このように数字でドキッとさせて、消費者を自分ごと化させることも大切なことです。

ほかの金融機関でも「最短60分でカード発行」「１００万口座達成　ありがとうキャンペーン」「顧客満足度ランキング５年連続ナンバーワン」など、数え上げればきりがないほど数字は金融コミュニケーションにおいて多用されているのです。

◉消費者を肯定すれば心理ハードルを突破できる！

ハードルという点で言えば、「面倒壁」以外にも行動をはばむハードルがあります。

ＡＤＫでは「銀行カードローンに対するハードル」をテーマにアンケート調査を行いましたが、大きく分けて「機能ハードル」と「心理ハードル」があることが分かりました。

このうち、コミュニケーション上、特に重要なのは、

「自己嫌悪に陥りそう」「自分がダメになりそう」「歯止めがかからない」

「取り立てが厳しそう」「怖い人が出てきそう」

といった、心理ハードルです。このようなハードルを極力下げてもらい、心の中のバリアを取ってもらわなければ、情報が相手に伝わりませんし、利用者も増えません。

人が抱くマイナスのエネルギーはことのほか大きいものですから、簡単ではありませんが、心理ハードルの問題に正面から取り組んだのが、消費者金融業界です。

この10年ほどは、各社とも総力を挙げて、消費者が抱えている心理的なハードルを取り除こうと努力しています。そんな消費者金融も、かつてはそうした努力はしていませんでした。その必要がなかったからです。

従来の消費者金融のコミュニケーションのノウハウは「刷り込み」一点張りでした。テレビＣＭを流して、消費者に名前を覚えてもらう。そしていざお金が必要になったとき、その会社の名前を思い出してもらって、借りてもらう。

これを「再生想起」（一般的には「純粋想起」）といいますが、いかに利用者に想起を促すかという観点から、消費者金融各社は盛んにＣＭを流しました。

ピークは20年ほど前で、ご記憶の人も少なくないと思いますが、当時は深夜にテレビをつければ、やたらと消費者金融のＣＭばかり流れていました。ＣＭを流せば流すほど、会社（社名）の認知率が高まり、貸出額が上がったわけですから、各社ともいわゆる「ノイズ競争」に明け暮れたのです。

ピーク時には、大手消費者金融会社１社あたり、マーケティング費用だけで３００億円以上にものぼったといわれています。

さらに、消費者金融の躍進を後押ししたのが、無人店舗の契約機の導入です。これが大いに当たり、設置すればするだけ、貸出額が伸びていきました。

お金を借りるときには、誰もが人に会いたくないし、自分の姿を見られたくない。その心理をうまく利用した取り組みでした。

しかし、いくら企業名を連呼するＣＭを流しても、無人契約機を拡大しても、あるとき

銀行カードローンに対するハードル

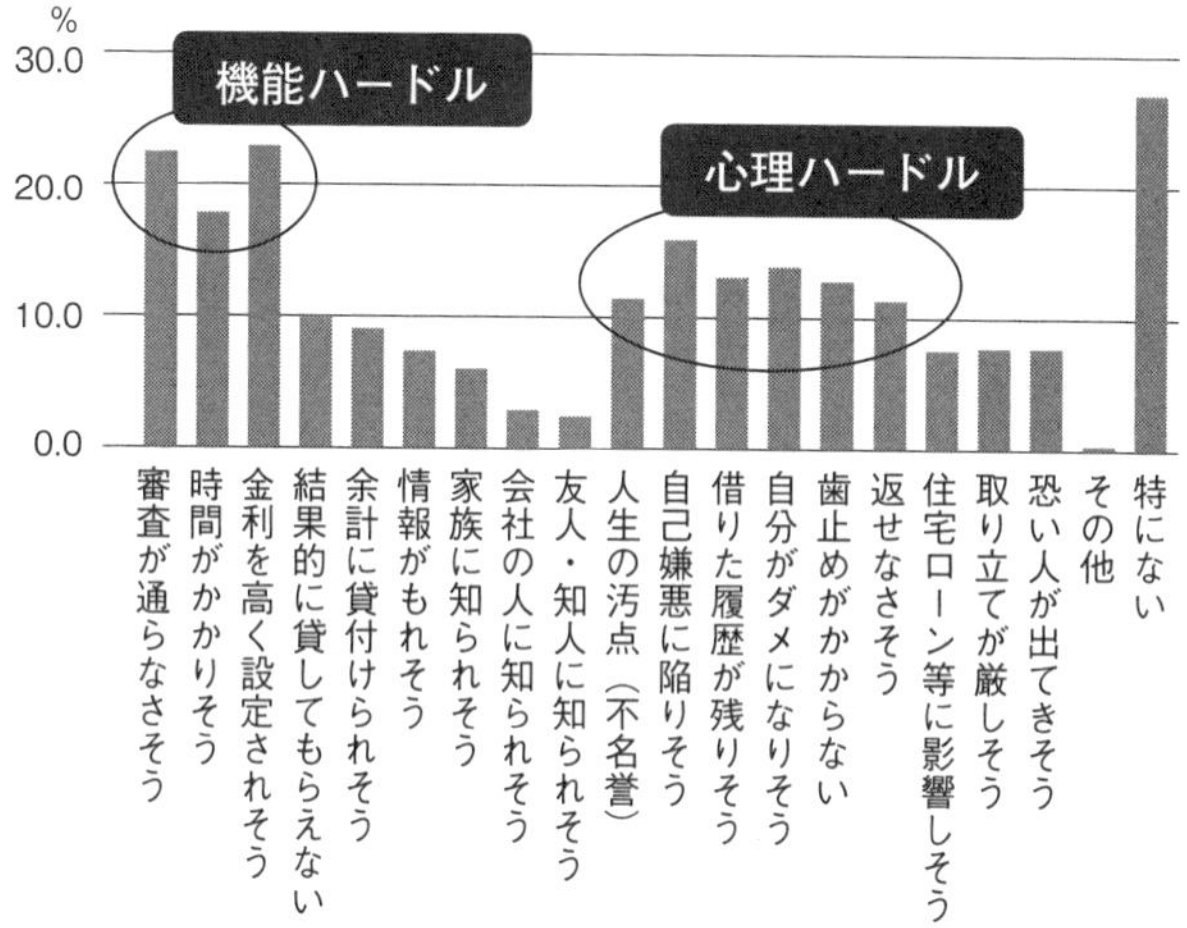

出典：ADKカードローン調査　2013年5月（20～50代男女）

銀行カードローン対しては、機能ハードルだけでなく、心理ハードルがある。心理ハードルを取ってもらわなければ、利用者は増えない貸出高が増えなくなる時期が訪れました。ピークアウトを迎えたのです。

これ以来、消費者金融各社は根本的にコミュニケーションの仕方を変えました。そのきっかけになったのが、各社が実施した独自のマーケティング調査結果でした。これまで拡大路線を歩み、CMの出稿量を増やしたものの、その裏にはまだ消費者金融に対して心理的なハードルを感じている人が多い。そのことが明らかになったのです。

これを契機に、広告展開は量より質に転換しました。心理的ハードルを感じている人たちに対して、その敷居を下げてもらうCMを流し始めたのです。

各社とも、女性タレントを起用し、「恋人のように」「あなたのために」といった直接的なワードを打ち出しながら、広告展開をするようになったのはそのためです。

少々、消費者金融独特のあけすけ感はありましたが、より「身近さ」「親密さ」「お客さま本位」を浸透させることに成功していきます。

次いで、店内で働く社員の姿（もちろんタレントですが）を出したり、店内の雰囲気をあえて映したり、会社そのものを「見える化」する内容も増えました。

それまで消費者金融会社は、世の中に社名が浸透している割には、一般にはほとんど実態を知られていない存在でした。

この「ブラックボックス状態」こそが、業界独特の得体の知れなさや恐怖感を植え付けているのではないか。その観点から、会社自体をディスクローズして、その敷居を一層低くしてもらおうとしたのです。

実際に消費者金融会社は、どんな店内を訪れてみても、非常に掃除が行き届いて、整理されています。しかも、大通りに面していて、社員もみんな笑顔で、元気で若い。一般的に、あらゆる金融機関よりもはるかに明るい雰囲気づくりに努めています。

これにもわけがあります。利用者はお金がなくて困惑した人たちばかりです。悲壮感や自己嫌悪、コンプレックスを抱えて来店するのが普通です。

もし、訪れる店がうらぶれたところにあったり、店内がうら寂しい雰囲気だったらどうでしょう。さらに気持ちは暗くなるはずです。ますます自分がお金を借りたことに、罪悪感を強く持つことになるでしょう。こうした思いを感じた人は、一度は利用してくれても、なかなか頻繁に利用してくれません。

一方で、最初は暗い気持ちで訪れても、店内が意外に明るくてオープンで生き生きとしていれば、利用者は非常に救われた気持ちになります。自己嫌悪に陥ることもなくなり、

「自分は借りてもいいいんだ」

という気持ちになっていく。そういう世界観を意識的につくっているのです。

実際、消費者金融では、

「あなたはお金を借りてもいいんですよ」「むしろ、やりくり上手で賢い！」

というリーズンホワイ、エクスキューズ（言い訳）を与えることも得意です。

かなり以前（90年代）、某金融会社では、お金を借りることを

「生活じょ〜ず」

と表現したCMを打ちましたが好評でした。あのCMで借りやすくなったという利用者も少なくないといいます。なぜこのようなCMを打つかというと、消費者の立場に立つこと、その意識や心理に寄り添うことが、利用者の心理ハードルを乗り越える、最大の方策であるという、基本原則をよく理解しているからです。

特に重視すべきは、利用者との立場の違いです。普通は、お金を貸す側と借りる側では、圧倒的に貸す側が有利で、立場も強い。普通に話していても、借りる側からしたら、

「相手は自分をバカにしているんじゃないか」「低く見ているのではないか」

と疑ってかかることも少なくありません。つまり、最初から対等な関係ではないわけです。だからこそ、お金を貸す側が一段下がってへりくだって対応する。それでちょうど五分五分の関係になるということも少なくないのです。

実際、消費者は立場の違いや、上から目線の姿勢を非常に敏感に感じます。従って、そうした根本的な立場の違いから考えないと、コミュニケーションが成り立たないのです。

◉立場の違いを超えて握手するためのコミュニケーション法

これは消費者金融業界に限った話ではありません。メガバンクでも同じです。

3層論の中でも申し上げましたが、金融業界では、「信頼、安心、安定」が重視されます。特にバブル崩壊以降、多くの金融機関が破綻、倒産したこともあり、より消費者も金融機関に対して「信頼、安心、安定」を求めるようになりました。

その結果、各社は経営基盤やシステムの安定性、グローバル化への対応などを強く訴求する広告を展開し始めました。「自社の強さ」を強くアピールするようになったのです。

しかし、強さをアピールすればするほど、その金融機関に対する親近感やフレンドリーさが失われていきます。結果、銀行に対する心理的なハードルが上がって、逆に利用しにくい、訪れにくい雰囲気が形成されていきました。

大いなるジレンマでもありますが、以来、こうした状況を踏まえて、各金融機関は「信頼性、安定性」を重視しつつ、より身近さを打ちだし、

「個人や中小企業のための金融機関」

という側面を強くアピールするようになっていきました。

主役はあくまでお客様で、銀行側は、選ばれる立場にあります。何度も繰り返すように、基本的に消費者と金融機関は立ち位置やポジションが大きく異なります。金融機関が感じている以上に、消費者は、その商品や金融機関自体に、壁を感じています。面倒壁もその一つですが、その敷居を下げてもらうには、期待以上のサービスをしたり、工夫を重ねたり、ときには徹底してへりくだることさえ必要なのです。

結局、コミュニケーションとは常に人の関係をどう取り結ぶか。そこが原点です。ターゲットが誰であるか。その相手にいかにすれば、立場の違いを超えて、自分たちが発する言葉を伝えられ、信頼され、最終的に、握手ができるか。金融コミュニケーションも、そこを考えて取り組まなければいけない時代に入ってきていることは確かです。

ツボ⑤【多数派】日本人の「横並び意識」をマーケティングに活かす

◉「同期のあいつも始めたらしい」に団塊世代が流された理由

第1章で紹介したように日本人が根強く持っているのが「横並び意識」です。「ランキング」や「平均」に目がないのもここに起因しています。

平均ということで言えば、以前、話題になった「○○社の平均的社員像」というインターネットのコンテンツ。リクルーティングの一環としてとある企業がホームページ上に公開しているものですが、若手社員500人にアンケート調査を実施し、解答の平均値を割り出して紹介するという視点がとてもユニークです。

加えて、男女それぞれの「平均顔」や「平均声」まで表現されていて、非常に興味を引く、見ていて楽しいコンテンツでもあります。

「企業柄」を確認する上で、社員像は非常に重要です。その手がかりとして、よく発信されるのが先輩社員の声やメッセージですが、いかにも優秀な社員ばかりが選ばれているので、なかなか一般の社員の実態がつかめない、という結果になりがちです。

しかし、このコンテンツは「この会社で働いている社員はだいたいこんな人なんだな」ということがたちどころに分かる。就職活動に励む大学生たちに一種の安心感も与えていることだろうと思います。

ＡＤＫでも、「日本人の平均」には以前から注目し、3年ごとに、全国5千〜1万人を対象にした調査を実施しています。公表するたびにテレビ局や雑誌社から、「調査結果を抜粋したテレビ番組をつくりたい」「雑誌で特集したい」といった問い合せやご提案を数多くいただきます。いかに、日本人の「横並び意識」が根強いかを実感させられます。

この「横並び意識」が最も顕著に出るのが、お金にまつわる感情や行動です。第1章で紹介したグロソブの、

「同期のあいつも始めたらしい」

はまさにこの「横並び意識」をうまく活用したキャッチコピーでした。

さらに、とりわけその意識が強い団塊世代に向けて、タイミングよく広告展開ができた

という点も高く評価できます。というのもこの世代は年功序列の最後の世代。出世によってボーナスには差が出ても、給料はほぼ横並びにもらってきた年代です。その人たちが一斉に「老後」の入り口にさしかかる、そんな時期にこの広告が展開されました。

まさにその当時、団塊世代の人たちは、お金の使い方、運用の仕方に対して極めて切実な関心を寄せていました。退職後はこれまでとは違い、今まで稼いできたインカムをどう使うか、運用するかによって、

「素敵な老後か、不幸な老後か」

が決定的に違ってくる。そうした危機感を抱えながら日々を過ごしていたわけです。

会社によって守られていた立場から、急に「自己責任」という荒波に放り込まれるようなものですから、その不安の大きさはいかばかりか、想像がつくでしょう。

しかも、年金の支給額も減らされそうという社会の流れの中で、

「みんなはそろそろ老後の手当てをしているのではないか」

ということがいよいよ気になってくる。周囲の動向に高い関心を持っていました。

その世代に向けて「同期のあいつも始めたらしい」とコピーを打ったわけですから、とても大きなインパクトを持ちました。

「自分も始めなければまずいかな」

といった、一種のバスに乗り遅れるような恐怖心をあおったわけです。

さらにこの新聞広告のイメージも非常に秀逸です。この広告に登場する中年の男性（団塊世代）は、既にグロソブを始めている、世代の先端の人間たちの後を追うセカンド層の代表という設定です。

トップの人間ではないものの、なかなかできそうな、目端が利きそうな人間というイメージが適切につくり上げられているため、見る人に安心感を与えています。さらに、

「そろそろ俺も……」

という感じで、上品に、水を向けている感じが出ていてとてもうまい。

結果的に、この広告に団塊世代の多くの人が反応し、一度ピークアウトを迎えていた運用実績がまた向上しました。金融コミュニケーションの成功例とも言えるでしょう。

◉なぜ金融リテラシーがない「一般の人の意見」にみんなが従うのか？

この団塊世代もそうですが、金融リテラシーがない日本人は、金融商品を選ぶ際に、

「周囲はどうなのか」

を手がかりにすることが少なくありません。一方的に金融機関から商品を勧められても、

その良し悪しを判断することができないのです。

面白い調査結果があります。「投資商品を選ぶ際に安心だと思うこと」をテーマに2009年に実施したADK調査では、

「証券会社がすすめる」「専門家（評論家）がすすめる」

が共に22・4％。その一方で、

「投資家みんなに人気」

が過半数を超えて56・4％。圧倒的に指示を集めています。

「保険」に焦点を当ててみても同様です。

ADK金融プロジェクトで実施した「保険に関する調査」においてもそれは明らかです。これは、「保険に関する情報として安心を感じるもの」をテーマにした調査ですが、支持が低かったものからみていくと、最も低かったのが、

「保険会社の営業担当者の意見」

商品を売りつけられるという恐怖があるので消費者も身構えているのでしょう。実際、銀行や証券会社から「今、いい金融商品がありますよ」と電話が掛かってきても、話を聞かずに切ってしまうのが普通です。消費者はこと金融商品に対しては常に警戒感を持って見ているものですから、金融機関の営業マンの意見なんか参考にしません。

次いで支持が低かったのが、

「保険ショップの窓口担当者の意見」

近年は来店型保険ショップが注目を集めていますが、まだ安心感を覚えるという程度には浸透していないようです。商品の見直しをしてくれる便利な場所という触れ込みですが、「保険ショップにとって都合のいい商品を勧められるのではないか」という不安はぬぐえないのでしょう。その次にきたのが、

「有識者の意見」

消費者の大多数は金融についてよく知りませんから、各社で出している商品を比較検討することができません。そこで、ファイナンシャルプランナーやアナリストなど、金融に通じた識者が、いろいろな商品のメリット、デメリットを紹介してくれるのは、とてもありがたいし、実際に役に立ちます。しかも、そうしたアナリストは、販売にタッチしているわけではないので、その意味でも公平な意見を言っているように見えます。結果、約半数の人が、保険に関する情報として安心を感じると答えています。

しかし、それよりも支持を集めたものがあります。それこそ、

「一般のみんなの意見」

よく考えると、「一般のみんな」は、最も金融知識に乏しく、一番あてにならないはず

保険に関する情報として安心を感じるもの

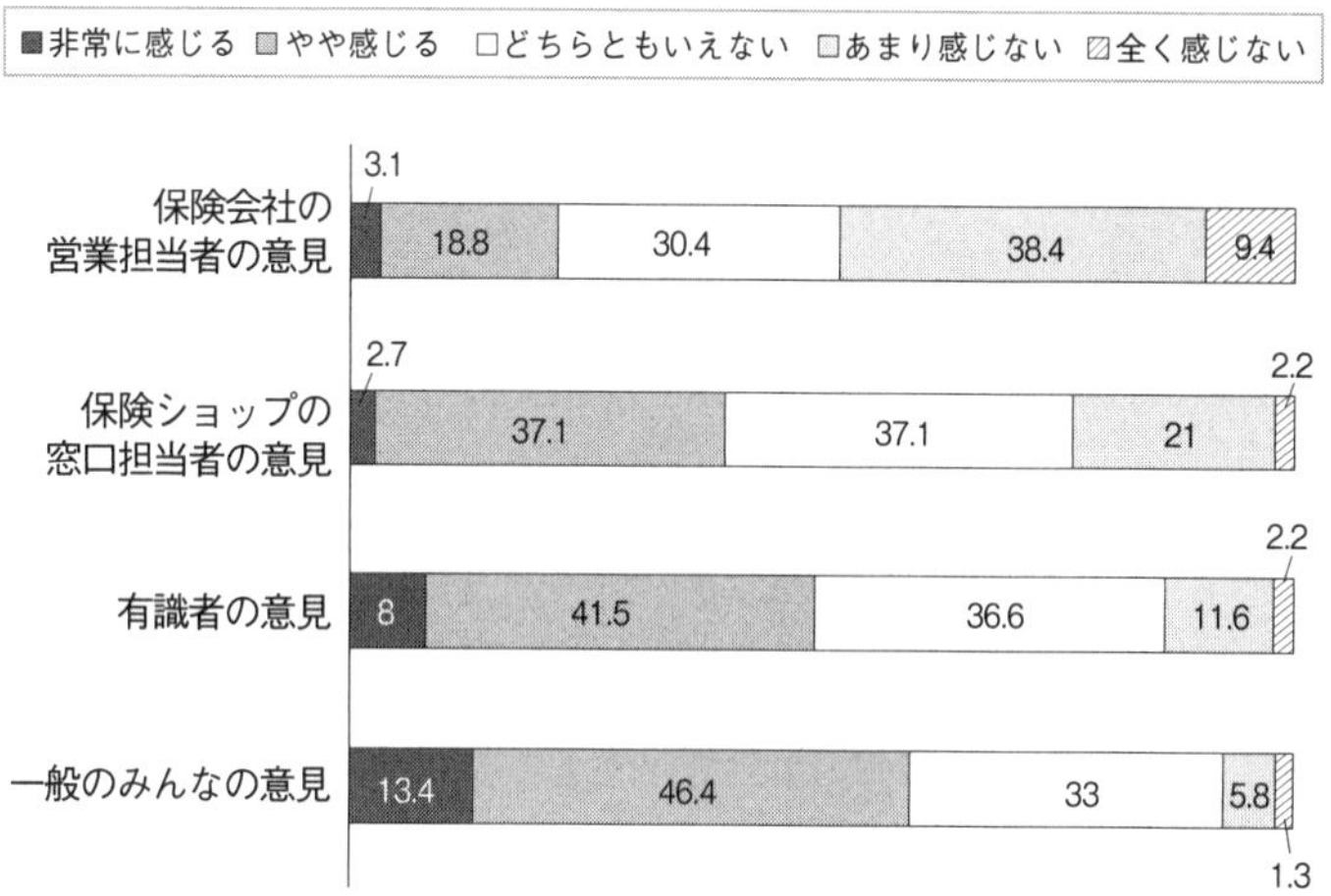

出典：ADK金融プロジェクト「保険に関する調査」　2012年8月（保険相談の意向がある人）

「一般のみんな」は、最も知識に乏しく、あてにならないはずだが、その意見に安心を感じている。日本人が多数派の意見を信じる傾向を表している。また、「自分だけ損をするのは嫌だ」という強い意識が背景にあるですが、にもかかわらず安心や信頼を感じている。いかに、日本人が大多数の意見を信じる傾向にあるか、多数派を形成したいのかということを表していると言えるでしょう。お金にまつわることに関しては、「自分だけが損をしたくない」という意識が背景に強くあるのです。

◉消費者の「自分ごと化」につなげる数値データ

言い換えれば、「自分だけが、馬鹿を見るのがイヤ」ということにほかなりません。

そして、この意識を突き詰めていくと最終的には「損をしたとしても、みんなで損をするのなら仕方がない」というところに帰着します。すなわち、日本人はお金の損得という実際問題よりも、プライドの方を重く見ているということです。

このように日本人は「自分だけが損をしたくない」と考える一方で、先ほどのアンケート結果で有識者の意見が過半数の支持を集めたように、「利害関係がない（なさそうに見える）第三者」の意見をよく信じる傾向があります。

だからこそ、消費者に対する初めのドアノッカーとして、客観的なデータ（アンケート結果）を示すことは非常に有効に機能します。それが安心や関心を持ってもらうきっかけになるからです。

世の中の動向や意見を客観的な数値としてうまく「見える化」して示してあげることで、商品の販促にもつなげられるのです。

「自分の小遣いは平均より低いな。上げてもらおう」

「自分と同じ年齢と家族構成では、みんなもっと高い保険商品を買っているのか。うちの家族はやばいかも」

消費者はそのように数値データ（ものさし）を自分に照らして考えます。具体的な共感軸として機能しているわけです。実際、この「自分に照らして」というところがミソで、その時点で、消費者は興味を持って、金融について考えてみようかなというマインドになっています。

つまり、アンケート等の調査データは面倒壁を突破するツボなのです。

実際、アンケートの平均データをそのままの形で、広告に使うこともよくあります。

例えば、ある大手メガバンクでも

「投資信託を既に始めている人は何パーセントに及んでいます」

「今投資に関心がある人は、何パーセントでした」

という形でアプローチし、あなたもどうですかという形で商品を勧める。

あるいは新聞広告の中で
「あなたのお金を投資する際に、関心のある国はどこですか」

という質問に対する答えとして、1位ブラジル、2位ロシア……などという形で、外国の名前を出しながら、関連するファンドを効果的にアピールする。

ADKでも、例えば交通広告で、それぞれのつり革の部分に1万人調査のデータと、金融機関の名前を載せることを提案したことがあります。

実際、電車に乗っている際には、どうしても手持無沙汰になりがちですから、なおさら関心も引きやすいし、興味を持って見てくれる可能性がかなり高いはずです。

消費者への最初のアプローチとしては、有効性の高いチャレンジではないかと考えました。採用されたものの残念ながら実行には至りませんでしたが、いずれにせよ、多くの日本人にとってはいかに滞りなく人並みに過ごせるか、が人生における大きなテーマです。

そのために常にアンテナを張り巡らせているのが日本人ですから、コミュニケーションの入り口としてアンケート調査結果を広告素材として使うのは非常に有効だということは押さえておいた方がいいでしょう。

ツボ⑥【時間軸】消費者の一生まで見据えたアプローチ

◉消費者の一生を見据えたサービス展開が重要

「一瞬も 一生も 美しく」

これは資生堂が2005年から掲げているコーポレートメッセージです。同社の主要ターゲットである女性層の心理をよく突いた名コピーだと思います。

女性は「今日、この瞬間」の美しさを強く追い求めていながら、10年後、20年後の自分も美しくありたい、もっといえば一生美しい自分であり続けたいと願っています。

そうした理想的な女性像をつくり上げるための商品・サービスを提供し、末永く愛用してもらえるブランドを目指そう。これが、資生堂の戦略なのでしょう。

金融業界もこの心がけが必要です。時間軸を味方につけて、

「一瞬も、一生も、頼もしく」感じてもらう努力が不可欠な時代に入っています。

確かに、以前の金融機関は、役所の申請主義と同じで、消費者に対して自ら、サービスや商品を勧めることはありませんでした。

必要な人が自ら金融機関を訪れ、窓口で相談してから、初めてサービスを提供する。つまり「待ち」の姿勢に終始していたのです。しかし、今ではそんな姿勢では通用しません。「今日すぐにでも、お金を借りたい」という緊急度の高いニーズにもしっかりと対応する。その一方で、「一生という時間軸」を見据えた戦略も、的確に練り上げて、ご提案する。こうした対応が欠かせない時代になっています。つまり、金融マーケティングにおいては、「時間軸・タイミング」が重要なポイントなのです。

事実、人生には入学、卒業、就職、結婚、出産、定年退職……とさまざまな節目がありますが、節目でどんな金融商品を提案するかで、消費者の支持も変わってきます。

例えば、就職したら生命保険の加入、結婚したらその見直し、出産したらマイホームの購入に併せて住宅ローンの契約、退職時を見越して資産運用といった形で、的確な商品を提案することで信頼を得ていくのです。

さらに、消費者と金融機関の関係性は長期に及ぶことが一般的ですから、なおさら消費者の人生を見据えて商品販売などにも臨まなければいけません。

時間軸という枠組みの中で、最も切羽詰まった商品といえば、カードローンでしょう。

近年は消費者金融だけでなく、銀行が発行するカードを利用したローンも増えてきており、かなり一般の消費者にも定着した金融商品になってきました。

実際、カードローンに申し込むまでに、どれくらいの時間、検討したかについて調査したところ、「その日のうち」が最も多い答えでした。さらに「1週間以内」で8割から9割を占めることが分かります。つまり、早く借りなければ困るという人が圧倒的多数であることが分かります。

近年、金融機関がこぞって、「スピード」や「スムーズさ」をことさら強調するのは、こうした層のニーズに対応し、利用者を増やそうとしているためです。

特に、カードローンは、保証人が不要ではあるものの、申込の際には、金融機関や保証会社が審査を行う必要があるため、そこにわずらわしさを感じている利用者も少なくありません。そこで最近では、消費者金融はもちろんのこと、各銀行も躍起になって、

「60分で審査可能です」

という形で、審査スピードの速さを強調しています。審査や手続きがスムーズというイメージをいかに多くの消費者の頭に刷り込み、利用客を増やすかという熾烈な競争が行われているのです。

ところで、一言でカードローンとはいっても、もう少し利用者のニーズについて詳しく調べると、さまざまな特徴が見えてきます。

次ページの上のグラフを見ていただくと分かりますが、消費者金融ユーザーと、銀行カードローンユーザーでは、「1週間（検討期間）」までの数値に大きな違いが見られます。

消費者金融ユーザーの場合は、「その日のうち」が圧倒的に多いことからも分かるように、緊急度が極めて高いという特徴が出ていますが、銀行カードローンユーザーの場合は、そこまではっきりした傾向は見えません。

いずれお金に困ることはわかっているけど、今困っているわけではない。しかし、給料日前のピンチの状態を考えたら、今申し込んでおいた方がいいかなという感じではないかと推測できます。

こうした比較的時間に余裕がある層は、銀行カードローンを選ぶ傾向があるようです。やはり銀行の信頼度、安心感というところが大きいのでしょう。

◉「今は借りなくてもいい」ローン商品が、売り上げを伸ばしたわけ

「時間軸」を見据えながら、画期的な銀行カードローンのコミュニケーションを展開した

各金融商品の検討期間

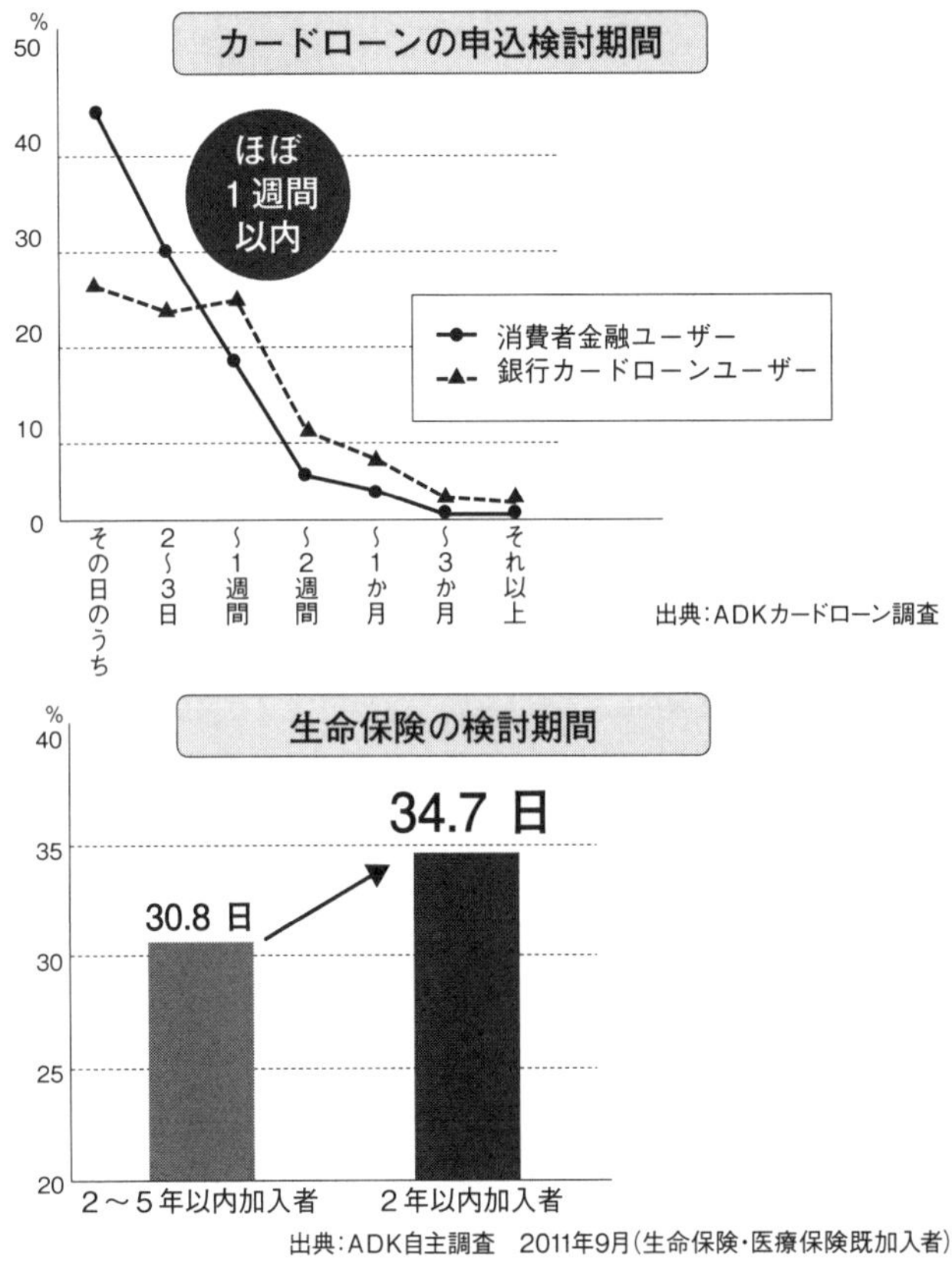

各金融商品では、検討期間に大きな違いがみられる。各金融商品の時間軸、利用者のニーズを意識したコミュニケーションを行う必要がある

のが某銀行。貸出限度額は500万円と高めに設定しました。第1章で見たように貸出限度額の高さは逆に消費者の不安を強める結果を招きますが、この銀行は驚くべきアプローチ手法で、消費者の印象を変えました。それは「今は借りなくてもいいですよ」というメッセージを発したのです。

今は借りなくてもいい。しかし、急に多額のお金が必要になるときがあるかもしれない。そのときにこのカードを持っていれば安心ですよ。いざというときにいつでも無担保で500万円を借りられる資格をもらえますよ、という訴求です。いわゆる、「信用ワク」を与えるという発想です。

つまり、そうなるとローン商品と銘打っていても、いざというときの安心を売るわけですから、機能としては保険商品と同じです。イザというときの「保険」です。

誰だって、未来を正確に予測することはできません。自分の将来に何が起こるか分からないからこそ、人間は不安を感じ、その不安の解消に向けて手を打とうとします。

実際、そうした時間軸に関する消費者心理をうまく見据えた商品を構築し、新しい顧客を獲得したという意味で、これは金融コミュニケーションの成功例の一つと言えると思います。

◉複雑な生命保険商品こそ、シンプルさでアプローチせよ

ところで、カードローンの場合は、消費者の「今すぐお金がほしい」という切実なニーズにいかに対応するかが最も重要な点でしたが、生命保険の場合はどうでしょう。

カードローンと同様に、生命保険・医療保険に既に加入している人たちの、保険の見直し検討期間を調べたところ、2~5年以内加入者は30・8日、2年以内加入者は34・7日という結果が出ました。1か月以上の時間を掛けて検討し、さらにその期間は近年増加しているのです。

商品の種類が増えて複雑になったことが理由の一つに挙げられますが、いずれにしても検討期間が1か月以上に及ぶという事実を踏まえて、その間いかに効果的にアプローチするかという点が重要になっています。

その有効なアプローチ法を知るためにも、生命保険の見直しを終えて、契約に至るまでの、消費者の心の変遷を追ってみましょう。

一般的に消費者は1か月の間に、三つの段階を経て契約に至るといわれています。

まずは「第1次ノミネート」。生命保険は老舗の大手生保会社から、インターネット生

保まで取り扱う会社の数も多数に上るほか、商品の種類も価格もさまざまです。その中から5、6社に絞るのが一般的です。

選択の基準も明確で、もともと私たちは、「3層論」の項目でも確認したように、金融業界における最も基礎的な価値である「信頼、安心」が来るのかと思っていましたが、実際に調べてみると、案に相違してそうではありませんでした。

いくつかのジャンルにおいて、ほかの会社とキャラが重ならない、個性的な会社が選ばれたのです。例えば「安い」というジャンルでA社。「外資系」というジャンルでB社。「インターネット系」というジャンルでC社……という具合です。

つまり、コミュニケーションの展開も含めて、その会社の個性化、際立った企業柄の醸成が必要であるということを示しています。

第1次でノミネートされた5、6社から3社ほどに絞り込む段階が「第2次ノミネート」です。ここで大きくクローズアップされるのが、私たちが第1次ノミネートの判断基準になるだろうと思っていた「信頼、安心」という項目でした。

個性があり、魅力的であっても、やはり信頼性が低ければ落とされるという、厳しい現実が突き付けられます。

そして、最後の1社に絞り込む最終段階が「第3次ノミネート」。

ここで重要になるのは「シンプルさ」「入りやすさ」でした。

普通に考えれば、検討を重ねれば重ねるほど、細かい商品説明があるもの、複雑な商品内容のものが有利に思われがちですが、結果は逆でした。

最終段階になると、商品力はほぼドロー、それほど差はありません。リテラシーがあまりなく、面倒な保険選びで疲れている今の自分に対して、きめ細かな配慮と、親しみやすさがあるかどうかが、勝負の分かれ目となるのです。それが「シンプルさ」と「入りやすさ」です。

結局のところ、説明の仕方、申込の仕方、商品そのもののバリエーションも含め、複雑なものは落とされていきます。

従って、消費者が請求する各種資料の内容も極力シンプルで見やすいというのは絶対条件。いくら「商品力で勝負」といっても、商品内容や特徴をぐだぐだと説明するよりも、一見して分かりやすい内容でなければ、消費者の心に染み入っていきません。つまり、

「これは自分に合った商品だな」

ということが直感的に分かる工夫が必要なのです。

ツボ⑦【顧客像】

ターゲットの「仲間入り」意識を刺激する

◉消費者の「仲間入り」意識がマーケティングのカギ

金融業界における「企業イメージ」や「企業柄」の重要性については既に説明した通りですが、さらに突き詰めて言えば「どういう人たちがその企業（商品）を利用しているのか」という利用者像も消費者は非常に気にします。

「その仲間入りを自分はすべきかどうか」を消費者は常に考えているからです。

10数年前、若いOLを中心に、ドルやユーロなどの外貨預金が流行したことがありました。外国為替銀行法の廃止により、銀行でも取扱いが可能となったという事情もありますが、外貨を持つことが、一種のファッションであり、ステータスになっていたという事情の方が大きかったと思います。

実際、そのファッション性、格好のよさを強調した広告も少なくありませんでした。時代の先端を走る、高キャリアの女性たちがこぞって外貨預金をしているというイメージをつくり上げ、それを見た人に、

「私もその仲間入りをしたい」

「預金するんだったら外貨を持っている方がかっこいいよね」

と思わせ、販売に結び付ける。そうした戦略が奏功したのでした。

為替リスクについての知識が乏しい女性たちがこぞって外貨預金に走ったわけですから、いかに「顧客像」の与えるイメージが大きいかをこの事例は物語っています。

これはある種、ポジティブな例ですが、逆に、

「その仲間入りをしたくない」

というネガティブな反応を引き起こすことも少なくありません。

例えば消費者金融業界がその典型でしょう。世間の評価はさておいて、消費者金融は世の中に不可欠な業態として定着していることは確かでしょう。しかし、カテゴリーそのものが持つ、ネガティブなイメージは、なかなか払拭されることはありません。これが業界の成長を阻む最大のブレーキになっています。

ＦＸも同様です。本来なら、中長期で運用できる「真面目な」金融商品として定着できるだけのポテンシャルはあったのですが、ギャンブル性の高さ、脱税に走るユーザーの存在、すなわち顧客像のモラルの低さなども世の中に知れ渡り、ネガティブなユーザーイメージが確立されてしまいました。

そのイメージをいまだにぬぐうことができず、機関投資家のポートフォリオに組み入れることがほとんどないのが現状です。これは逆の意味で、いかに顧客像のイメージが重要かということを表しています。

このように消費者の購入意欲に大きく影響する「顧客像」ですが、金融に限らず、マーケティングの世界では以前から効果的に活用されてきました。代表的なのが、たばこやお酒などの嗜好品。ターゲットを絞り込んで、ハードボイルド系、マイルド系といった形で、ある種の棲み分けをしながら、顧客像の世界観に合わせたコミュニケーションが行われてきたのです。

金融業界も近年は自社の「企業柄」とも関連させながら、「顧客像」に合わせたコミュニケーションに力を入れるようになっています。

◉「フォー・ユー」の強調で、特別感・優越感を与える

典型的なのが、「面倒壁」の項目で説明したフォー・ユーの強調です。

「30代のあなたへ」

「中小企業のオーナーの方々へ」

というように、「顧客像」を限定しながら、直接訴えかけるようなメッセージを、皆さんもさまざまな広告を通してよく見かけると思います。これは言うなれば、

「今お伝えしようとしているのは、あなたのための情報ですよ」

とのアピールです。実際、金融に限らず、世の中には広告や商品があふれかえっています。その中から自分に合った商品を自ら探し出すのは至難の業で、その作業を消費者にさせてしまっては、伝えたい情報は一向に伝わりません。

そこで、一般の情報と差別化するために、ターゲットを明確にして、情報を発信するのです。実際、そのように訴えられると、

「何か自分に得な情報が載っているかもしれない」

と、興味を持ってその情報を取得しようとしますから非常に有効です。その意味で、ま

ずはフォー・ユーを強調して、関心を持ってもらうことが、コミュニケーションとして大事なのです。

顧客像を明確にすることの利点はまだあります。それは、消費者の特別感やステータス感を刺激することができるという点です。

金融機関が行うべきコミュニケーションには、大きく分けて2種類あります。

一つは、大多数の消費者に向けたコミュニケーションです。あえて顧客像を設定せず、全方位的にコミュニケーションを行うことで、イメージの刷り込みを行う。あるいは、なるべく「身近さ」を強調し、フレンドリーな企業柄の形成に役立て、企業の敷居を下げる。

これとは対象的に、少数の消費者に向けたコミュニケーションをする場合には、とりわけ「フォー・ユー（あなたのため）」を強調します。つまり、あえて敷居を上げるためのコミュニケーションです。

高額商品の広告などはその代表例で、まず初めに、

「年収1000万円以上のあなたへ」

と強調するのが一般的です。もちろん、これに該当する人は多くありません。しかし、このカテゴリーに入っている少数派の人たちにとってみれば、非常に優越感を刺激する文句です。なぜならば、この文言には

「これはあなたのようなお金持ちの人だけに向けたメッセージです」

というプレミアムな意味合いが透けて見えるからです。結果、該当者は高い関心を持ってその情報を見てくれます。

顧客像の明確化のメリットはそれだけではありません。スクリーニング効果という側面もあります。

もし、顧客を限定せず、幅広く情報を訴えて、問い合わせが想定よりも過剰にきてしまえば、金融機関としても実際的な意味（例えばオペレーション）でたいへんです。膨大な事務手続きもこなさなければいけないし、それこそコールセンターの人員も大幅に増やさなければいけないでしょう。効率的ではありません。

さらに、問い合わせがあったすべての人にサービスを提供することはできないので、ある種の選別が必要になります。

例えば、100万通の応募がきて90万通を落とさなければならなくなったとしたらどうでしょう。その処理に手間がかかることはもちろんですが、せっかく応募してくれた、これだけの消費者の心証を害することにつながります。消費者心理を考えれば、金融機関としてはぜひとも避けたいところです。

実際、断られた消費者にとっては、「あなたはターゲットではないので、お断りします」

と宣告されたようなもので、中には「俺は対象外か、ふざけるな」といった怒りの気持ちがわいてくる人も出てくるでしょう。結果、その人はもうその金融機関のサービスを利用する気を失うに決まっています。

さらに、そうしたネガティブな噂がインターネット上にまき散らされて、収拾がつかなくなるリスクも生じます。従って、「断る」という行為につながらないように、コミュニケーションの段階でスクリーニングするのが鉄則です。だからこそある程度絞り込んだターゲットを想定した広告を流すことは有効です。

実際、高額商品の広告はそのイメージも重厚で高級感にあふれ、「特別な世界観」をことさら強調します。クオリティも高く、チープさはどこにも感じられません。

すなわち対象外の人には、

「これは、俺は無理だな、およびじゃないな」

と感じさせることも、重要なコミュニケーションの一つなのです。

◉新しい顧客像を求めて勝ち組に入った「モビット」

金融機関の中で、独自の顧客像を設定し、成功したのが個人向け無担保ローンの「モビット」です。2000年に旧三和銀行とプロミスの共同出資で立ち上げられ、同年から営業を開始しました。

この立ち上げに当たって、同社が目指したのが、

「これまでにない新しい時代のまったく新しい金融会社」

でした。そのための戦略として最も大きな柱に据えたのが「顧客像」です。従来の個人ローンとは違うターゲットを求めたのです。

それまでの個人向けローンの顧客は、20代の若者が中心でした。賃金が低く、お金に余裕がない若者にお金を融通する。そうしたビジネスモデルが一般的でした。

同じ2000年に設立され、モビットより先に営業を開始したアットローンは、その代表です。

「あっと、そのときアットローン」

を広告文句として活用していたように、いかにピンチのときにお金を借りてもらうかを目的としたコミュニケーションを行っていました。実際に、若者には好評でした。

モビットはこれらとは真逆の方向性を考えていました。お金がなくて困っている層に訴えるのではなく、むしろ、アグレッシブで前向きな層をメインターゲットに位置付けて、サービスを提供することを考えたのです。

この考えに基づいて定めた消費者に対するメッセージが、

「ピンチのときも、チャンスのときも」

でした。実際、お金が必要になるときはピンチのときだけではありません。

特にこの最初期に想定したターゲット層は30代から40代。収入も多いものの、出ていくお金も大きい。一時的にお金が足りないときもあります。

そうしたときに、部下と会食する機会が訪れるかもしれない。

そんなケースでケチって、割り勘をするようではよき上司とは言えないでしょう。

むしろ、部下に進んでごちそうしたり、人の為にお金を進んで使うような、そんな立場の人に利用してもらいたいと考えたわけです。

実際、このターゲット戦略は大成功。

当時、モビットの一人当たりの借入額は70万円超と他社の2倍以上に跳ね上がりました。

ビジネスモデルという上でも、圧倒的な成功を収めたのです。

実際、銀行系消費者金融の同業他社はのきなみ吸収合併され、最終的にはモビットしか残っていません。この戦略的なターゲットの絞り込みが奏功したことも背景にあるでしょう。

極意⑧【人肌感】人が介在しないところこそ、人肌感を演出する

◉機能を重視し過ぎると、人を遠ざける結果を生む

従来、金融商品の販売は、金融機関の担当者と消費者が顔を合わせてやりとりする「対面型」が一般的でしたが、近年は、インターネットや通販（主にコールセンターとの電話でのやり取り）で金融商品を購入するケースが増えてきています。消費者にとっては、わざわざ店舗に足を運んで、混雑した店内で待たされることもなく、いつでも自分の都合に合わせてアクセスできるようになりました。利便性が向上したことは間違いありません。

一方で、導入側の金融機関もその恩恵を受けています。まずは店舗運営コストや人件費などの経費節減効果が見込めるようになったことです。

さらにインターネットが普及して、さまざまな顧客情報も、消費者自らが既定のフォー

ム内に打ちこんで、送ってくれるようになりました。行員が一人一人の情報を手作業で入力していたころに比べると、段違いに作業効率が上がりました。

消費者の選別が容易にできるという点も大きいメリットです。「時間軸」の項目で既に説明した通り、本来、金融機関は消費者を「断る」ことはなるべく避けたいところですが、どうしてもせざるを得ない場合もあります。その際に面と向かった状態だと、なかなか勇気がいるものですが、インターネットや電話であれば、事務的に断ることも可能です。

いずれにせよ、このようにインターネットと連動して販売する金融商品が増えてきた背景には、インターネット環境の急激な進化があります。10年ほど前であれば、インターネット上での取引に不安を覚える消費者も少なくありませんでしたが、安全性のレベルは格段に上がっています。

さらにインターネットを利用する際の大前提となる「簡単、便利、スピーディー」といった条件もかなり満足できる段階まで発展してきています。

ただし、インターネットや通販は、「対面型」と比較すると、どうしても不足しがちな要素があります。それは人間同士の血の通った生のコミュニケーション感覚です。

対面型販売は、人間同士のコミュニケーションが図れるという点が一番の強みです。金融機関としても、相対する消費者に対して、大事な点は声を強めて強調したり、さりげなく説得したり、おだてたり、手を替え、品を替え、臨機応変に対応することで、情報を理解してもらうこともできるし、態度変容を迫ることもできます。

同時に消費者においても、疑問に思う部分があれば、その場で質問することもでき、深い商品理解が可能になります。これが直接的なコミュニケーションをすることの利点です。

しかし、インターネットの場合は、直接人を介したコミュニケーションはできません。むしろ、その機能を最大限に発揮しようと、効率性や合理性、スピード感、便利さばかりが重視されるあまり、ひどく無機質なホームページができあがってしまう場合が少なくありません。それが逆に消費者との距離を広げてしまう結果を生んでいるのです。

そのため、いくらインターネットで情報を提供しても、消費者本人が意欲的でなければ、ほとんどの場合、契約に行き着く前に途中でドロップアウトしてしまいます。

特に、金融の場合は、契約までの手続き、つまりやらなければいけないことが歴然としてあるために、中途で頓挫してしまう可能性はかなり高いと言えるでしょう。

◉ホームページは企業柄をお披露目する場所でもある

一体、これをどのように解決すべきでしょうか。

「面倒壁」の項目で説明したように、消費者にイライラ感を味わわせない工夫も必要ですが、同時に欠かせないのが「人肌感」を感じてもらうことです。要は人と直接対峙するわけではないからこそ、そこに人が介在していると思わせる工夫が欠かせないのです。

いくら金融商品は説明すべきことが多いからといって、スペックの説明に偏ってしまうことなく、むしろ写真や動画の活用、あるいは企業キャラクターの登場などで、人の温もりや、その企業独自の企業柄を感じさせる雰囲気づくりに努める方が賢明。消費者マインドを冷めさせない努力が肝心です。

特に、ホームページは商品のインフォメーションを紹介する場だけではなく、企業柄をお披露目する場でもありますから、なおのこと「人肌感」の演出は欠かせません。

実際、消費者は企業のホームページをよく見ています。カードローンをテーマにしたグループインタビューでも、多くの参加者が、利用する前に、ホームページを見て、この企業は怖そうじゃないかな、信頼がおけるかなといった「人肌感」に関する情報を入手すると話します。

もちろん、顧客の中には、さらに詳細な商品説明を求める人もいるでしょう。そのニーズがある人には、会員登録をしていただいて、専門的な情報を提供するほうが得策です。

要は誰もが見られるオープンサイトは企業柄のショールームと心得て「人肌感」を演出

し、人が訪れやすい環境にする。逆に、会員だけが見られるログインページは機能性や専門性を重視する。そのメリハリが重要になっています。いずれにせよ、今の時代は消費者にとってホームページが企業柄を判断する大事な要素になっていることは確かです。

これは通販型におけるコールセンターの担当者にも言えることです。対応のスピードが遅かったり、融通が利かなかったりすると、消費者はその担当者というより、その企業そのものの不手際であると感じます。つまり、その担当者と企業の印象が重ね合わされてしまうわけです。だからこそ、対面の場合よりも、よほど気を使った対応が求められます。

◉健康食品の通販に学ぶ「コミュニティ感」訴求戦略

インターネットの場合はホームページ上の人肌感が必要ですが、通販型の場合は、テレビＣＭでの人肌感が何よりも重要です。ご存じのように、通販型はテレビＣＭを流して、それを見た消費者が電話で申込をして契約に至るという流れがあります。従って、テレビＣＭでいかに共感してもらうかが、契約に至る最大の条件になってくるのです。

ではどのように「人肌感」を演出して視聴者に共感してもらうのか。ここに通販ならではのロジックがあります。例えば、通販型の金融商品の典型である「ダイレクト自動車保険」が行っているのは、コールセンターの担当者を前面に出した「人肌感」の演出です。

これにより、電話の向こう側にいる、お客様に適切に対応してくれる人たちの存在が消費者に伝わり、安心感がもたらされます。

さらに、消費者と企業だけでなく、消費者同士の「コミュニティ」の存在を示すCMも非常に有効です。自分と同じように考えたり、悩んだりしている仲間がいるということを示すことで、視聴者の共感を誘います。

「ダイレクト自動車保険」のCMでも、複数の消費者がコールセンターに電話を掛けて、実際に担当者と会話を始めるという設定が少なくありません。もちろん、そのやりとり自体が、事故が起こった場合の対応シミュレーションなのですが、それを聞いた視聴者は、

「なんか自分と同じことを考えている人がいるな」

「こういう心配をしているのは自分だけじゃないんだ」

ということを感じることによって、

「自分もそのコミュニティの一員になっていいかな」

と考えるようになるのです。

これは通販ではよく行われるやり方で、とりわけ健康食品の長尺のCMでは定番中の定番となっています。特に多いのが、「身体が痛い、辛い」といった状況を示すことで、同

じ立場にいる人たちの共感を得るＣＭ。

よくいわれることですが、人間は自分の不幸がまさに自分だけに訪れているという感覚に陥るとき、最も苦しみを感じます。

冷静に考えれば、自分と同じように膝が痛い人は世の中に大勢いると理解できるはずなのに、いざ、痛んでくると、「何で自分だけこんな目に遭わなければいけないんだ」と不幸を過剰に嘆くようになるのです。

しかし、実際にテレビの中で自分と同じように苦しんでいる人たちを目の当たりにした途端、「苦しいのは自分だけではなかった」ことに気づき、それだけで、ほっとする。そして、「世の中には自分と同じように苦しんでいる人たちがいる『膝痛《ひざいた》コミュニティ』があるんだな。自分もその一員なんだ」と認識するわけです。

同時にこういうＣＭでは必ずコミュニティの人たち同士の井戸端会議も行われます。それはこういう形です。

まず、そのコミュニティの一人から、「実は私も膝が痛くてたいへんだったけど、いいものがあって……」という形で商品紹介が始まります。

テレビを見ている「膝痛コミュニティ」の会員は、いよいよ話に釣り込まれていきます。

しかし、その一方で、本当に効くのか、気のせいじゃないかといった疑問が生じます。すると、ＣＭでは、別のコミュニティの一員が、「でもそれはこういうことなんじゃないの」

と疑問を呈します。あえて視聴者が心の中で感じていることを、いわば代弁者として質問をするわけです。

ここですかさず、「私もそう思っていたんだけど、その心配はないの。だって……」との否定が入る。そこで、視聴者はますます信憑性が高まって、「なるほど。これはなかなか期待できる商品だな。自分も買ってみようかな」という気になってしまうわけです。

もちろん、冷静に考えればかなり強引な誘導と言えなくもありませんが、仲間同士（視聴者も仲間の一員です）で井戸端会議をしながら、自然と意見がまとまっていくという構成をとっているので、説得力が倍加し、つい釣り込まれてしまいます。

さらに、実際に飲み始めて、すぐには効果が出ないように感じても、「でもテレビに出ていた『仲間』の人たちも効くといってたし、もう少し試してみよう」と長期間にわたって飲み続けることになるのです。健康食品の好調な売り上げをみると、「人肌感」の演出がどれだけ効果的であるかよく分かります。

人々の情緒に働きかけて、共感軸をつくりだす。こうしたコミュニケーションの有効性は、健康食品に限らず、金融においても高い有効性を示すことは確かです。

第3章

心理を捉える金融マーケティングの手法

手法①【イメージ・ポジションMAP分析】

自社の進むべきポジションの確認法

◉情緒と機能の2点で金融機関のイメージを把握する

数ある金融機関の中で、個性化、差別化を図り、その企業ならではの存在意義を生み出すためには、独自の「ポジション」「立ち位置」を築かなければいけません。

その企業の「ポジション」を獲得するための手がかりを与えるのが「イメージ・ポジションMAP分析」（コレスポンデンス分析）です。

この分析手法を使えば、金融機関の現在のポジションや目指すべき方向性を1枚のMAP上で把握できます。多くの金融機関の中で自社はどの立ち位置にいるのか、そして、今後はどの方向に向かうべきなのかが一目瞭然に分かるわけです。

MAP作成の材料となるのが定量調査です。

「あなたはこの金融機関（A社）にどういうイメージを持っていますか」という質問に対して、予め用意してある因子から選んでもらいます。用意する因子は、「情緒」面から20個、「機能」面から20個です（ADKの調査の場合）。

例えば、「カードローン」の場合、

情緒面では、

信頼できる、安心できる、明るい、勢いがある、誠実な、やさしい、知的な、厳格な、品のある、センスのある、先進的な、一流の、気軽な、シンプルな、オープンな、熱心な、洗練された、王道な、革新的な、当てはまるものはない

機能面では、

金利が低い、限度額が大きい、申込から融資までが早い、審査がスピーディ、審査が厳しくない、プライバシーを重視する、申込が簡単、ATM数が多い、キャンペーンに積極的、規模が大きい、経営が健全、商品・サービスの質がよい、対応がよい、気軽に相談できる、お客様志向である、何かと融通が利く、利用者が多い、客層がよい、誰でも利用できる、当てはまるものはない

という具合です。これは、目的に応じて、毎回カスタマイズします。

同じ要領で、B社、C社、D社、E社……というように繰り返してもらいます。

加えて、「あなたが金融機関を利用する際に、重視するポイントは何ですか」という質問に対して、同じく40個の因子の中から選択してもらいます。同時に「『こういう金融機関は利用したくない』と感じさせるポイントは何ですか」についても、同じく40個の因子の中から選んでもらいます。

数多くのサンプルをコンピュータ処理することで、イメージマップはできあがります。それぞれの因子は、ほかの因子との力関係によって位置が決まってくるのが特徴で、力が強いほう（数が多いほう）に引っ張られていく仕組みです。

図の中には、取引意向との相関が極めて高い群「ゴールデンゾーン」と、逆に取引意向を阻害する群「ネガティブゾーン」の二つのエリアが形成されます。ゴールデンゾーンは「利用したいイメージゾーン」を示し、ネガティブゾーンは「利用をしたくないイメージゾーン」を意味します。

つまりゴールデンゾーンの中に入っている金融機関は、一般消費者から見て、利用したい金融機関であり、ネガティブゾーンの中にある金融機関は、利用したくない金融機関を意味します。しかも、50％、30％、20％ごとに色分けしているので（ゴールデンゾーンであれば「取引したいイメージ」、ネガティブゾーンであれば「取引をしたくないイメージ」）、地図の等高線のように、そのレベルについても把握できます。

各銀行が持たれているイメージ図

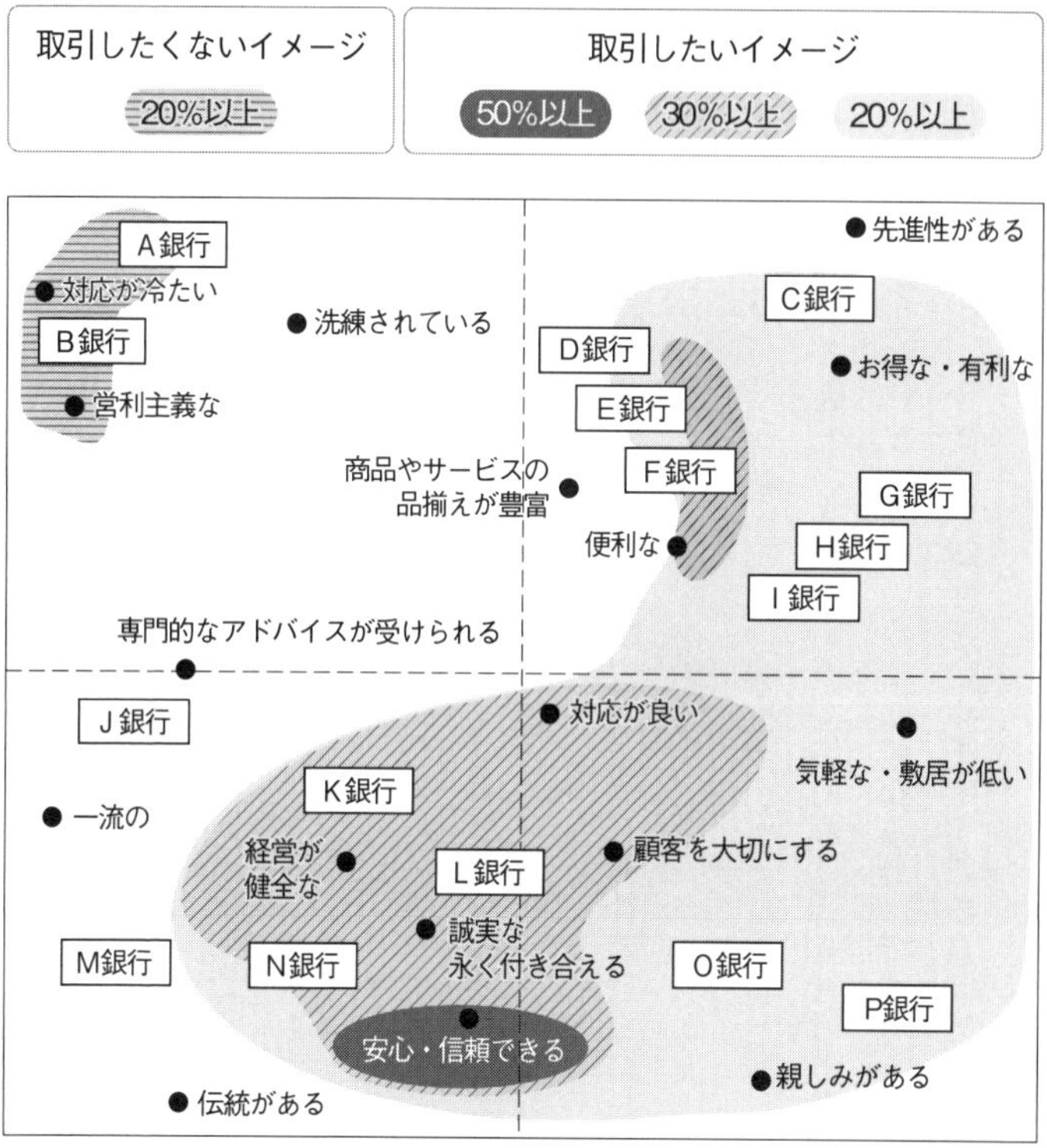

各企業の近くにある因子は、世間が感じているその企業に対するイメージになる。「取引したいイメージ（ゴールデンゾーン）」の中で、かつ他の企業と重ならない位置を目指すべきである

このＭＡＰの分析については、まずは、一枚のＭＡＰの中における自社の位置関係を確認するところから始めます。ゴールデンゾーン（利用したい）やネガティブゾーン（利用したくない）、あるいは競合他社との距離感はどうであるかを判断するわけです。

もしネガティブゾーンの中に入っていれば、それも「取引したくない」イメージの程度が非常に高ければ、すぐにでも企業柄を変えるべく、ブランディングをやり直す必要があります。

さらに競合他社と非常に近いところにある場合も、ブランディングの再検討が必要です。ポジションがかぶるということは、その企業ならではの存在意義が欠けているということを表すからです。

さらに各因子と自社の距離感も確認します。例えば、Ａ社の近くにある因子は、世間が感じているＡ社のイメージです。

逆に、遠くにあればあるだけ、Ａ社からかけ離れていることを表しています。例えば、「柔軟に対応してくれる」という因子がＡ社から遠くにあれば、Ａ社は消費者から「柔軟に対応してくれていない」と思われているということになるわけです。

現状の位置を確認したら、今後の方向性を定めます。この点、ＭＡＰ化は非常に役立ちます。

「消費者からの支持が高いゴールデンゾーンを目指そう。しかも、どの企業のポジションとも重ならないこのエリアに目標を定めよう」

という形で、自分の企業の向かうべき立ち位置、ポジションを空間的につかむことができるからです。

目指すべき方向性が定まれば、後は具体的な手法、方法を考える段階に歩を進めればよいわけです。

このMAP化は、もちろん各金融機関についてもできます。ポジティブ&ネガティブゾーンでなく、各社（行）のグルーピングを主体に置いた場合ですと、次のページの図のようになります。

各金融機関のイメージ・ポジション図（当時）

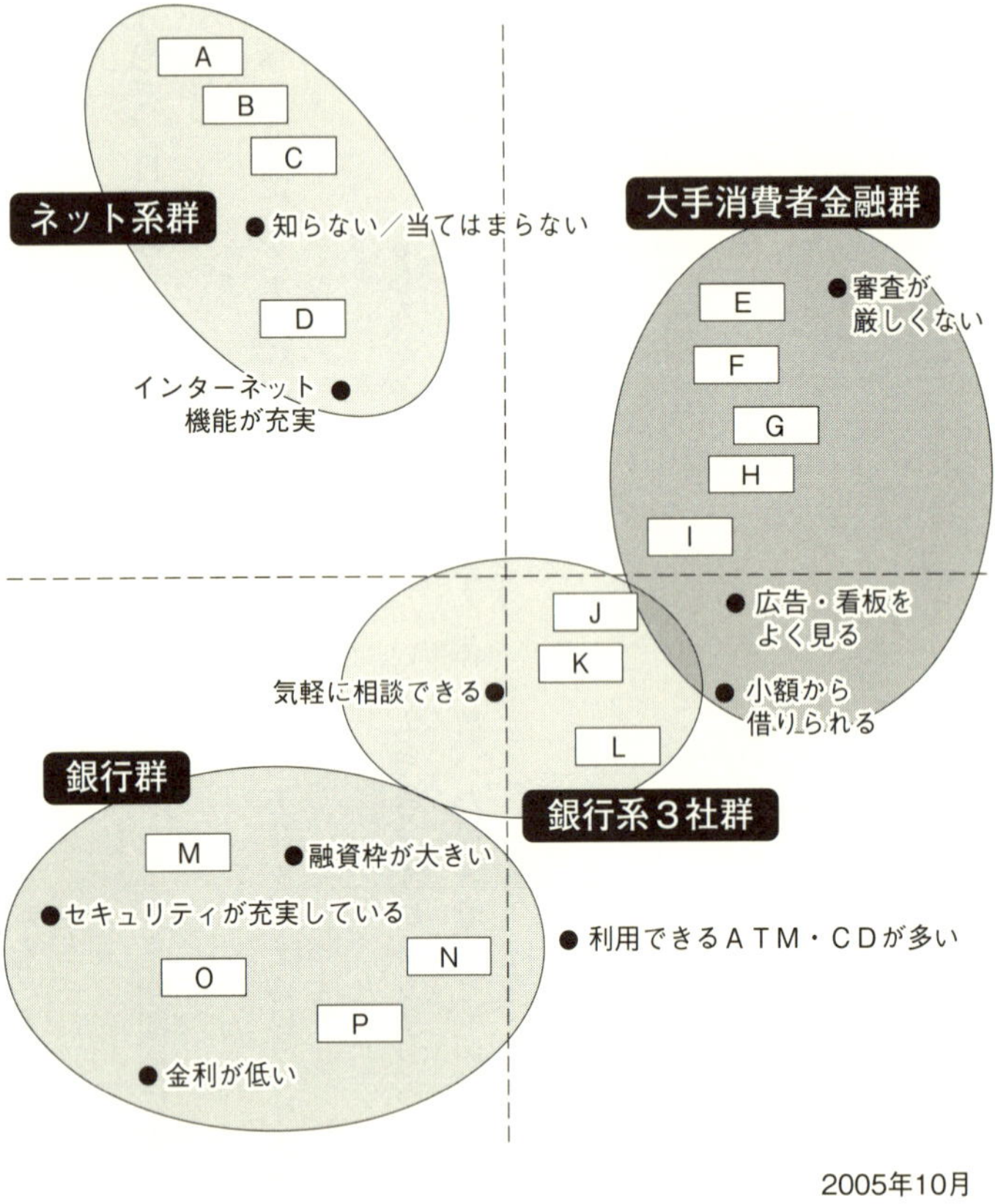

各金融機関は、ネット系群、大手消費者金融群、銀行群、銀行系３社群と、それぞれ独自のポジションを形成している

手法②【ターゲット・プロファイル分析】

攻略すべきターゲットを「見える化」する

◉サイコグラフィック特性から詳細なプロファイルを作成する

コミュニケーションの基本は、「誰に何をいかに伝えるか」です。特に「誰」のイメージが明確になっているかどうかで、コミュニケーションの質や内容も変わってきます。従って、普段商品を使っていただいているユーザーはどんな人たちであるのか、あらかじめ想定したターゲットに届いているのかを、改めて調査することは非常に重要です。もしかしたら、ターゲットの想定自体が間違っている場合もありますから、なおさらリサーチは欠かせません。

そうした場合に活用するのが、実際のユーザー層を詳しく調べ上げることができる「ターゲット・プロファイル分析」です。

これも「イメージ・ポジションMAP分析」同様、定量調査を実施し、多くのサンプル数を集めることから始めます。

それも性別や年齢、職業といった「デモグラフィック特性」だけでなく、「普段の生活の中での意識・価値観」「お金に対する意識・価値観」「買い物・消費に対する意識・価値観」「性格」「趣味」など、20テーマ・140因子にわたる「サイコグラフィック特性」の把握も行うところに、ADK独自の「ターゲット・プロファイル分析」の特徴があります。

それぞれの項目ごとに定量調査で、因子を選択してもらうのは、ほかの分析調査と同様です。

それでは、ここでADKが実際に行った過去の分析調査をご覧に入れましょう。

ご紹介するのは、個人向け無担保ローンを実施していた「モビット」「アットローン」「キャッシュワン」のユーザーに対して行ったWEB調査です（2002年12月に実施。札幌市、東京都、名古屋市、大阪市、福岡市の5地区、1254名が対象）。

既にお話ししたように、モビットは立ち上げに際して、「これまでにない新しい時代のまったく新しい金融会社」を志向し、アグレッシブで前向き、かつ収入も高い30代、40代層をメインターゲットにしたビジネスモデルの構築を目指しました。

この2002年の調査は、それが実際に的を射たビジネスモデルであるのか、当初の目標通りのターゲット層が利用してくれているのかを調べる機会ともなったわけです。

実際に見てみると、個人向けローンという同じカテゴリー内においても、かなり顧客像に大きな違いが生じていることが分かります。

特に面白いのは消費に対する意識や価値観です。

「欲しい物をまず買ってから、後で支払うタイプで、当然、クレジットカードやインターネット決済に対する抵抗感はない」（モビット）

「安くてイイ物を買うことに生きがいを感じているが、こだわっているものには、お金をかけてもいいと思っている」（アットローン）

「消費行動は計画的で、大きな買い物をするときは、一括で購入するタイプ。また、商品に関しては、デザインよりも機能を優先する傾向が強い」（キャッシュワン）

年齢や年収を見ると、違いもより鮮明に見えてきます。

「30代後半～40代中心」（会社員を中心に自営業の割合も高い）、世帯年収は「300～600万円」、家族構成は「既婚中心」（モビット）

「20～30代前半中心」（会社員を中心に学生の割合も高い）、世帯年収は「200～400万円」、家族構成は「独身中心」（アットローン）

「20～30代前半中心」（会社員を中心に主婦の割合も高い）、世帯年収は「300～500万円」、家族構成は「未既婚が半々」（キャッシュワン）

そうした項目（全20項目）をすべて積み重ね、その特徴を反映した結果、各ターゲットの総合性格判断は、

「大雑把で大胆な、むかし気質の親分肌」（モビット）
「アクティブライフをエンジョイする個性派」（アットローン）
「コツコツと生きたい生真面目な慎重派」（キャッシュワン）

さらにこれを踏まえて、われわれはそれぞれの支持層が求めるローンを次のように規定しました。

・モビット「『器のでかい男』のための頼れるローン」（「立身出世」意識高）
・アットローン「『自己実現したい若者』のための手軽で便利なローン」（「自己実現」意識高）
・キャッシュワン「『人生につまずかない』ための安心安全ローン」（「安定・堅実」意識高）

こうした分析結果を見ると、モビットが当初目指したターゲット層と、実際の顧客像はかなり一致していることが分かりました。つまり、当初のターゲット像の設定が優れていたこと、さらに実際にその顧客像に向けたコミュニケーションがうまくいっていることが

銀行系各社の支持層　ターゲット・プロファイリング1

「モビット」支持層

消費の意識・価値観	欲しいものを買ってから、後で支払うタイプ
	年齢：30代後半～40代中心 世帯年収：300～600万円 家族構成：既婚中心

「大雑把で大胆なむかし気質の親分肌」

「アットローン」支持層

消費の意識・価値観	安くてイイ物を賢く買うことに生きがいを感じるタイプ。ただし、気に入ったものにはお金をかけてもいい
	年齢：20～30代前半中心 世帯年収：200～400万円 家族構成：独身中心

「アクティブライフをエンジョイする個性派」

「キャッシュワン」支持層

消費の意識・価値観	計画的に目的を決めて大きな買い物をするタイプ。分割ではなく、できるだけ一括で支払う。デザインよりも機能を優先
	年齢：20～30代前半中心 世帯年収：300～500万円 家族構成：未既婚が半々

「コツコツと生きたい生真面目な慎重派」

確認できたわけです。

さらに私たちは、そうした実績の確認にとどまらず、これらの分析結果のエッセンスを抽出し、よりモビットの特徴を際立たせる形で、次のコミュニケーションに反映させることにしました。

そこで、分析で分かった「器のでかい男」というイメージから、「堂々感」「リーダーの心意気」「人生の成功者」を共感キーワードに規定。

これらのキーワードを強調した、新バージョンのテレビCMを展開したところ、レスポンスも向上。より強いブランド・企業柄の確立につなげることに成功しました。

銀行系各社の支持層　ターゲット・プロファイリング2

「モビット」支持層

**大雑把で大胆な
むかし気質の親分肌**

「器のでかい男」のための頼れるローンを求める

「立身出世」意識高

共感キーワード

- 堂々感
- リーダーの心意気
- 人生の成功者

「アットローン」支持層

**アクティブライフを
エンジョイする個性派**

「自己実現したい若者」のための手軽で便利なローンを求める

「自己実現」意識高

共感キーワード

- アクティブ
- 賢く、スマートな生き方

自分を高める

「キャッシュワン」支持層

**コツコツと生きたい
生真面目な慎重派**

「人生につまずかない」ための安心安全ローンを求める

「安定・堅実」意識高

共感キーワード

- 特に無し

ローン商品としては優位でないファン層

ターゲットの特徴をコミュニケーションに反映させることが重要。レスポンスが向上し、より強いブランド・企業柄の確立につながる

手法③【逆アプローチ型ポジ・ネガ分析】

本質を引き出し、潜在的な強み、弱みを抽出する

◉質問の仕方を変えれば、消費者の本音が分かる

マーケティングでは、グループインタビューなどを通じて、その企業や商品のいいところ、悪いところ、優れているところ、劣っているところをくまなく聞いていきます。

しかし、いいところ、悪いところというのは人間の主観、それも好き嫌いという感情と深いところで結びついているため、なかなか本質的なところまで辿りつかないということがよくあります。回答者自身が「固定観念」に自ら縛られてしまっているためです。

実際、その商品やブランドの長年のファンに話を聞いても、

「この商品はとてもいいです」

それだけで話が終わってしまうことがよくあります。

でもそう話す人たちも、１００％、その商品が素晴らしいと思っているわけではありません。

99％はいいと思っているんだけど、１％何か引っかかる部分がある。それが普通です。

例えば、商品のキャップでちょっと手を切ってしまったことがある。

そのことがちょっと引っかかっているけど、その商品の質の高さに比べたら大したことではないと思ってしまっている。

しかし、もし、同じような経験をした人がたくさんいるとしたら……。

これは企業側としては大問題だったりします。だからこそ、いいと思っている人に、あえて悪い部分を話してもらう、重箱の隅をつついてもらうことは重要なのです。

逆もしかりです。

「この商品、本当に使えない」

「私、この商品、嫌いです」

ある商品に対して、そのように答える人がいたとします。

「そうはいっても、何かいいところもあるんじゃないですか」

とあえて聞いてみる。すると、

「うーん。他社に比べてこういうところはいいかな」

という言葉が出てきたりします。

実際、それをクローズアップして、訴求ポイントとして発信したら、今まで見向きもしなかった消費者から、高い支持を得ることができるようになったという事例もあります。いわば質問の仕方を変えることで、インサイトの部分に迫ることができる。そういうケースがよくあるのです。

これをシステマティックに行うのが、逆アプローチ型「ポジ・ネガ分析」です。ある項目に対し、アンチ派にはあえてポジ（いいところ）を、そしてファンにはあえてネガ（駄目なところ）を挙げてもらい、潜在的な強みと弱みを抽出します。

この分析をすると、われわれが思いも寄らなかった、しかし本質的な事実をさりげなく垣間見せてくれることがよくあります。

例えば、日本中、誰もが知っている伝統ある老舗のブランドがあるとします。そういうブランドほど、意外とそこにあるはずの問題が隠れてしまって、誰も気づかないということがよくあります。

以前、そうしたナショナルブランドについて分析をした際にもその傾向が色濃く出ました。実際、そのブランドの看板商品の好感度を調査したところ、90％近くの人が、「その商品は好き。昔から使っている」

と答えました。

しかし、その根拠を聞いてみると、意外にその特徴やメリットが出てこないのです。その一方で、逆に、あえて悪いところも言ってほしいと水を向けたところ、驚くほど問題点が出てきて驚いたことがあります。最後に、

「この商品と似たような商品が世の中に出てきたら、買いますか」

と尋ねると、多くの人が「買う」と答えました。

ポジ＆ネガ分析をすることで、意外にそのブランドのファンを自認していても、明確な根拠を持たず、いわば成り行きで使ってきただけ、つまり強固なファンではなかったということが明らかになったわけです。

ブランドの脆弱さそのものが浮き彫りになったことで、さすがに企業の担当者も青ざめました。このときは早速、商品に新鮮味を持たせたり、消費者メリットを伝えるなど、各種対策を進めました。

こうした気づき、行動のきっかけが得られるのも、逆アプローチ型「ポジ・ネガ」分析のすぐれた点です。

こんなこともありました。

ある証券会社では、新社長のお披露目と決意表明を兼ねて、新聞広告を出したことがあります。

その新聞広告自体は、とある広告会社が担当したのですが、その仕事を発注した証券会社から私たちにこんなオーダーがありました。

「弊社としては、自社で出す広告もしっかりと客観評価をしたい。ぜひ今度出す予定の新聞広告に対して第三者的な立場で評価をしてほしい」

そこで、早速、その証券会社のユーザーを集めて聞いてみると、非常に評判がいい。

「イメージも含めていいですね、素晴らしいですね」

という答えばかりが聞こえてきました。

そこで、あえてネガの部分も出してほしいと注文を出したら、私たちが考えもしなかった、こんな答えが出てきました。

「ネクタイが駄目だ」

という答えが出てきたのです。

あまりに意外な内容でしたから、その根拠を聞いたら、

「ストライプの柄が悪い」

というのです。

目を凝らして見ると、分かりました。

右肩下がりのデザインでした。株式で投資をしている人にとって、右肩下がりは縁起が悪いというのは常識です。証券会社の社長が、そんなネクタイをすべきではないというのはある意味、当然の意見です。

早速それを証券会社に伝えたところ、

「なるほど、これはいけない」

とすぐに写真の撮り直しが行われました。

非常に単純なことですが、少し視点を変えることで思いも寄らない気づきが得られる、「お金と心理」を追求する金融マーケティングの原点を再認識させてくれる、そんな事例の一つだと思います。

手法④【ブランド・シナプス分析】

訴求ポイントを明確にし、少ない言葉でブランドを強化せよ

◉初めに着手すべきはメインとサブワードの抽出

テレビCMは基本的に15秒です。その短時間に多くの情報を盛り込むことはできません。結局、言いたいことはたくさんあっても、一つか二つに絞り込む必要があります。伝えるべき情報をしっかりと整理しなくてはいけません。

そうした情報整理の必要性は、テレビCMに限りません。例えば新聞広告においても、しかりです。特に金融の場合は商品内容にもいろいろな特徴があって、金融機関としては、金利はどうだ、リスクはこうだといろいろ情報を入れたがる。そのせいで、一昔前の新聞広告は雑然としていました。

情報を並列に並べるのは簡単ですが、これでは芸がありません。煩雑なだけで、消費者

にはほとんど届かず、下手をすると最初からシャットアウトされてしまいます。

そこで必要なのは、どこに訴求ポイントの芯を置くのかを決めた上で、コミュニケーションを行うことです。その訴求ポイントを決定する上で、非常に役立つ手法が、「ブランド・シナプス分析」です。

まず、金融機関がアピールしたい言葉（因子）を情緒面、機能面ごとに50個ほど用意します。その中で消費者の胸にぐさっと刺さる、最も中心になる「メインワード」（信頼影響因子）を抽出します。

次に2、3の「サブワード」（波及因子）を抽出します。サブワードは、メインワードと組み合わせることで、より広がりのある企業イメージ、商品イメージを形成できる言葉を選択します。

そこで重要になってくるのが「因子間相関」という考え方です。「芋づる式」とでも表現すれば分かりやすいでしょうか。

サツマイモなどの芋の蔓をたぐっていくと、次々とイモがとれていくあのイメージです。一つの芋を掘って、そこに五つぐらいの芋がひもづいてくれれば効率的です。そのような、多くの因子と相関関係にある、最も有効な言葉をサブワードに位置付けて、コミュニケーションに活かしていくわけです。

◉ブランディングの重要な武器になる「ブランド&シナプス分析」

実際にこの「ブランド・シナプス分析」をどのように実施し、コミュニケーションに活用するのか、過去にADKが行った、「某個人ローン会社（A社）」のブランド再構築に関する事例をご紹介しましょう。

まず行ったのは、個人ローンにおける、メインワードの抽出です。

30代を対象に、金融業界における最も重要な（第2章でお話しした3層論の1層目にあたる）「信頼感」と「安心感」に寄与するイメージ因子を調べるために、定量調査を基にしながら、各イメージ因子と信頼感・安心感の相関関係について見てみました。

すると、30代における個人ローンのメインワード（信頼&安心因子）は「頼りがい」（頼りになる）であることが分かりました。

次に同じ要領で、個人ローン会社数社に対し、各イメージ因子と信頼感・安心感の相関関係を調べ、どの因子が「信頼感」と「安心感」に寄与するのかを見てみました。

すると、他社（B社）では、「頼りがい」が「信頼・安心」にしっかりと結びついている一方で、A社では「頼りがい」が「信頼・安心」につながっていないことが分かりました。

理由は明確でした。B社はメインワードに位置付けられた「頼りになる」との相関関係が高い言葉が数多くあったのです。

挙げてみると、「親切な」「身近に感じる」「便利な」「気軽な」「お得な・有利な」「申込から融資までがスピーディ」「自分向きの」「相談しやすい」「やさしい」「催促や取り立てが厳しくない」「顧客を大切にする」「友人・知人の評判がよい」「きめ細かい」「活力がある」「信頼感がある」「敷居が低い」「申込方法が簡単で分かりやすい」。

つまり、B社のメインワードは他因子とのつながり（シナプス）が多いということが明らかになったわけです。

言い換えれば、「頼りになる」という言葉を使うことで、多くのイメージが消費者に「芋づる式」に喚起されるというわけです。その一言ですべてが言い尽くされるぐらいなので、サブワードを抽出する必要もありません。

ところが、A社は「頼りになる」との相関関係が高い因子は三つしかありません。「インターネットが便利」「申込から融資までがスピーディ」「気軽な」だけです。

さらに、つながりがある因子の内容も違います。

B社の場合は、機能面の要素はもとより、「親切な」「身近な」「相談しやすい」など、「情緒（人柄）」的要素と幅広くつながっています。

しかしA社の場合は、インターネットが便利など機能（ツール）的要素のみです。

このような中で、われわれに課せられたのは、個人ローン利用が多い30代が求める「頼りがい」というイメージを、「信頼・安心」に結び付けることでした。

そのためには、「頼りがい」というメインワードをより多くの「人格」的因子に結び付ける必要がありました。ツールとしての頼りがいから、人柄としての頼りがいへ転換することを考えたのです。方向性ははっきりしていました。

「他の因子とのつながり（シナプス）が多いサブワードを見つける」ということで、そのサブワードと、メインワードである「頼りになる」の関係を強化することで、A社における「シナプス強化＝ブランド強化」が図られると考えたのです。

A社におけるつながりの多い、情緒イメージ因子を定量調査から抽出すると、最も「つながりの多い」有効なハブ因子は「親切な」であることが分かりました。

続いて、「身近」「センスがいい」も有効なハブ因子であることが明らかになりました。これらをサブワードとして、つまり、企業ポリシーとして中心に置くべき「頼りがい」を「親切」「身近」「センスがいい」といった「人格」に関するサブワードと結び付けます。

このことによって、人柄としての「頼りがい」が一層力強く関連づけられるとともに、多くの重要因子を引き上げる効果が期待できます。

A社のブランド強化の方向性

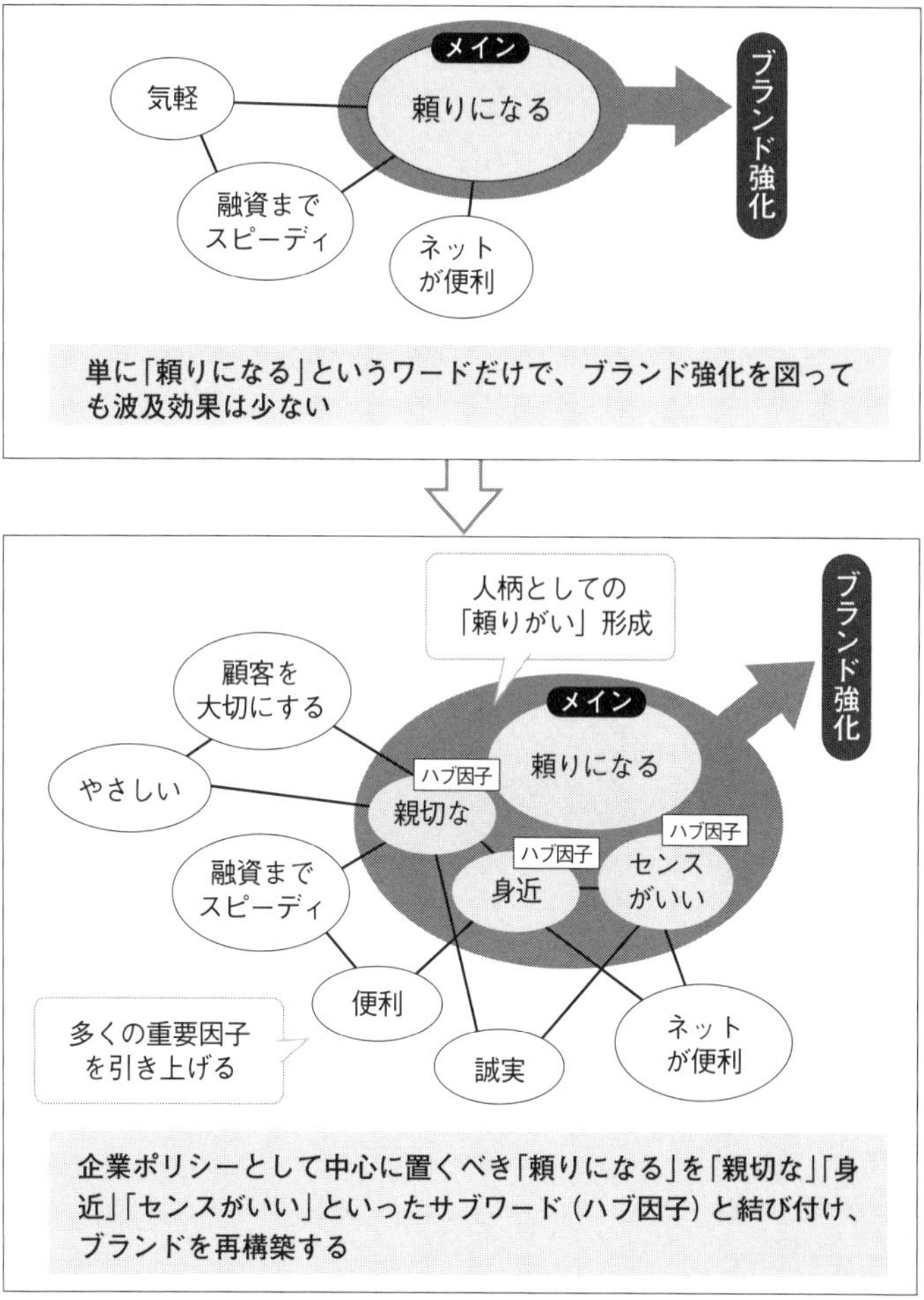

メイン
頼りになる
気軽
融資まで スピーディ
ネット が便利
ブランド強化
単に「頼りになる」というワードだけで、ブランド強化を図っても波及効果は少ない
人柄としての「頼りがい」形成
ブランド強化
顧客を大切にする
メイン
頼りになる
やさしい
ハブ因子
親切な
ハブ因子
身近
ハブ因子
センスがいい
融資まで スピーディ
便利
多くの重要因子を引き上げる
誠実
ネット が便利
企業ポリシーとして中心に置くべき「頼りになる」を「親切な」「身近」「センスがいい」といったサブワード（ハブ因子）と結び付け、ブランドを再構築する

その結果、金融機関としての重要要素である「信頼・安心」へとつなげていくことができるだろうと考えました。

これを踏まえて、いかにしてどのようにブランド再構築を目指すべきか。

例えば、考えられる具体的な方向は二つです。

一つ目の方向性は「親切・センス・身近」をバランスよく網羅して、「何気なく、スマートに手をさしのべてくれる」というイメージの訴求です。

もう一つは最もプライオリティの高い「親切」にのみ重点を置き、「無器用だけど、常に熱い心で向きあってくれる」

いずれにしても、30代のサラリーマンの強い味方、頼れる兄貴的存在であることを強くアピールすることを目指しました。

このように「ブランド・シナプス分析」は、突き詰めて考えれば、企業柄の形成、ブランド再構築までつなげていくことができる手法です。

確かに「因子間相関」は高度な分析手法ではありますが、消費者に訴えるべき言葉（ここではメインワード、サブワード）をいかに抽出し、効果的に発信するかというのはコミュニケーションの原点でもあります。そのことを具体的に理解できる分析として大いに活用できる手法の一つです。

手法⑤【メタファー分析】

「例え」が消費者と企業のイメージをつなぎ合わせる

◉形容詞では答えにくいけど、動物イメージなら答えられる

自社の立ち位置やポジションを確認する一手法として、「イメージ・ポジションMAP分析」を紹介しましたが、同じように自社の存在を把握するものに「メタファー分析」があります。

「イメージ・ポジションMAP分析」はあくまでも定量調査（アンケート）、すなわちデータの数値化を基にして行われましたが、「メタファー分析」は主にグループインタビューなど「定性調査」を基に実施されるところに特徴があります。

第1章でも見たように、やり方は極めて簡単。予め50種類ほどの動物の名前を用意した上で、

「○○グループ（銀行）を動物に例えると何でしょうか」

と質問し、答えてもらうというものです。

「○○グループ（銀行）のイメージを教えてください」

というように、「形容詞」で答えてもらうケースが一般的ですが、これでは答えづらいこともあるし、答える人の表現力の有無によって内容にばらつきが生じます。

しかし、動物だと誰もが明確にイメージしながら答えられます。さらに、そこから質問を繰り返し、答えを積み重ねることで、その企業の真の姿が浮き彫りになってくるのです。

特に大事なのは、なぜその動物を選んだのか、その理由を抽出し、詳しく分析すること。むしろ、どの動物を選んだかという、その選択自体よりも、なぜそれを選んだのかという理由を突き詰めていくことで、企業の本質が見えてきます。


この分析を行うと、いかに社員が持っている自社イメージと、消費者が思い浮かぶその会社のイメージに大きなギャップがあるかがよく分かります。

例えば、社員は割とトラやチーター、馬など、力強くて、イケイケで、フットワークが軽く俊敏な動物を選ぶ一方で、消費者はリスやウサギなど、草食系、小動物系を選択する。両者の隔たりの大きさがたちどころに分かります。

さらに、消費者に理由を聞いてみると、

「のんびりしている」

「ゆっくりしている」

「おっとり」

「のろま」

という意見が非常に多く出てくる。

すると、いよいよ社員は驚き、このギャップをどう埋めようかと真剣に考えるようになるのです。

実はこのようなギャップを埋める作業はとても重要です。というのも、情報を発信する側と、受信する側でイメージのギャップが生じると、コミュニケーションはうまくいかないからです。

本当はウサギなのに、それを誤解して、トラの物言いで発言すると、消費者からはいかにも変な様子に見えてしまいます。その結果、

「あの会社は信用できない」

というふうに思われてしまうのがおちです。

だからこそ、このメタファー分析の意義があります。

自分たちの誤解を認めて、コミュニケーションの方法を変えたり、あるいは改めて、ブランド・スローガンを再構築したり、次の展開に活かすきっかけを与えることになるからです。

もう一つ、このメタファー分析を行うメリットとして見逃せないのが、競合他社との関係の把握です。

金融機関は、ポジションが何よりも大事だとこれまで強調してきました。タレントと一緒で、キャラクターがかぶっては存在意義を失ってしまうからです。

ただでさえ、日本の金融機関は非常に数が多すぎる中で、今後は人口減少がさらに進んでいきます。そう考えると、キャラクターがかぶるということは、最大のネガティブポイントになってしまいます。

メタファー分析は、他社とは異なるキャラクターの創出、浸透に向けてもぜひ役立ててもらいたい分析手法の一つです。

手法⑥【ニューロマーケティング調査】

無意識を可視化して本音をむき出しにする技術

●定量・定性調査では見えない〝真の興味関心度〟を把握

リサーチ方法にはさまざまありますが、代表的なものは、アンケートを主とする「定量調査」、インタビューを中心とした「定性調査」です。

しかし、この二つの調査には限界があります。それは言葉で捉えられる情報しか分析できないということです。

しかし、実際の人間は、無意識化の行動プロセス、意思決定プロセスに基づいて行動します。そうした言葉に置き換えることができない、無意識のプロセスに関しては、正確に把握することはできません。

このような、人間が意識していない決定プロセスや、心の動き（インサイト）に起因する行動原理を、脳波測定結果から明らかにするのが、「ニューロマーケティング調査」なのです。

ここでは、ＡＤＫが過去に行ったニューロマーケティング調査の概要についてご紹介しましょう。

調査対象は、20代、30代、40代の男女各5名、合計30名でした。

被験者は調査にあたって、脳波計を装着。モニターに映し出される無担保ローン、保険に関する「金融商品宣伝文」（各30文、計60文）を見て、脳波がどのように変わるかを計測しました。

まず、モニターには1秒間黒画面が映り、その後、

「生活を豊かにしてくれる商品です」

という宣伝文が2・5秒間映し出され、再度1秒間にわたって黒画面が映し出されます。

繰り返しの呈示回数は3回。つまり、2商材×各30文×3回くり返し＝計180文が画面に映し出されることになります。

これを45文ずつ4ブロックに分けて呈示。ブロック間の休憩は約2分です。

ここで、注目すべきは宣伝文呈示中の「アルファ・ブロッキング」です。

人は興味関心、注意度のある刺激が示されると、脳の中でアルファ波が抑制されるとい

金融商品宣伝文「ローン」

価値要素	提示文案
手数料無料	手数料がかからないカードローンです
簡単便利	申し込みが簡単便利なカードローンです
24 時間365 日	24時間365日利用できるカードローンです
今すぐ	今すぐ借りられるカードローンです
来店不要	来店不要のカードローンです
即日融資	申し込んだその日に融資がおりるカードローンです
ネット契約	ネットで契約が可能なカードローンです
銀行グループ	銀行系のカードローンです
消費者金融	消費者金融系のカードローンです
カード会社	カード会社系のカードローンです
一定期間無利息	期間内に返済すれば無利息のカードローンです
限度額	限度額が高いカードローンです
ＡＴＭ利用可能	ATM で好きなときにお金をおろせるカードローンです
店舗	店舗で相談や申し込みができるカードローンです
業界最低水準	業界最低水準の低金利で借りられるカードローンです
おまとめ	複数の債務を一つにまとめられるカードローンです
あなたにピッタリ	あなたにピッタリ合ったカードローンです
お客様対応力	お客様対応力の高いカードローンです
誰でも	職業や年収に関係なく、誰でも借りられるカードローンです
いざというとき	いざというときのためのカードローンです
夢	夢をかなえるためのカードローンです
わかりやすい	難しくなく、わかりやすい手続きのカードローンです
人気No1	最も多くの方に選ばれているカードローンです
今話題の	現在業界で話題になっているカードローンです
人生を楽しむ	人生を楽しみたい方のためのカードローンです
どんな目的にも	どんな目的にも利用できるカードローンです
ステータスを求める	ステータスを求める人向けのカードローンです
返済しやすい	返済しやすいカードローンです
小額から	小額から借りることのできるカードローンです
審査が通りやすい	審査が通りやすい評判のカードローンです

金商品宣伝文「保険」

価値要素	呈示文案
家族のため	家族のために入る保険です
いざというとき	いざというときのための保険です
リスクと向き合う	自分のリスクと向き合うための保険です
生きるリスク	生きるリスクに備えるための保険です
安い	掛け金を安くおさえられる保険です
誰でも入れる	お客様の職業や年収に関係なく、誰でも入れる保険です
わかりやすい	難しくなく、わかりやすい手続きの保険です
安全・安心	安心した日常を過ごすための保険です
一生のお付き合い	あなたと一生のお付き合いをさせていただく保険です
無駄を省く	家計の無駄を省く保険です
対応力	お客様対応力の高い保険です
人生への投資	よりよい人生に投資するための保険です
納得感	より納得感の高い保険です
あなたに合った	あなたにピッタリ合った保険です
やさしい	あなたの保険選びにやさしい保険です
話題	現在業界で話題になっている保険です
社会人の常識	社会人の常識として多くの人が入っている保険です
次の世代へつなぐ	あなたの思いを次の世代につなげる保険です
助け合い（支えあい）	みんなの助け合いによって生まれた保険です
お守り	万が一のときに力を発揮する、お守りのような保険です
気休め	いわば気休めのようなものとして入る保険です
心配を預ける	あなたの心配を預けられる保険です
おまかせ	自分で考える必要のない、おまかせできる保険です
ライフイベント(人生の節目)	人生の節目を迎えるときこそ、考える保険です
長生き	長生きするために入る保険です
よく生きる	よく生きるために入る保険です
ライフステージにあわせて	保障を自由に組み合わせられる保険です
人気No 1	最も多くの方に選ばれている保険です
幅広い保障	幅広い保障を備えた保険です
乗換ニーズに対応	お客様の保険乗り換えニーズに即した保険です

う特徴があります。これを「アルファ・ブロッキング」といいます。つまり、この「アルファ・ブロッキング」を算出することで、興味・関心度、注意度が分かるわけです。

脳波測定が終わると、今度は質問紙を使って、通常の定量調査を行い、ニューロ調査との差も計測します。

これによって、脳波測定による、脳の反応に基づく興味関心度と、質問紙ベースの主観評定による興味関心度が明らかになります。

その両方の結果を1枚の図に表したのが、「金融脳内価値マップ」です。

横軸がアンケート指標（質問紙調査）、縦軸が脳波指標（アルファ・ブロッキングの度合いから定義）です。それによると、例えば「保険」の場合、

脳波で高い興味関心を示したのは、

「幅広い保障」「人気ナンバーワン」「リスクと向き合う」「長生き」

中程度に興味関心を示したのは、

「話題」「わかりやすい」「いざというとき」

興味関心度が低かったのは、

「お守り」「社会人の常識」でした。

なお、このときには、未婚者と既婚者では脳波指標においてどのような差が生じるのかも分析しました。

既婚者に比べて、未婚者の脳波の数値が跳ね上がったのは、高い興味関心を示した中では、「生きるリスク」「ライフステージに合わせて」「やさしい」

中程度の興味関心を示した中では、「次の世代へつなぐ」「無駄を省く」

逆に、未婚者に比べて、既婚者の数値が跳ね上がったのは、「誰もが入れる」「人生への投資」「おまかせ」「安い」

現状はこの「ニューロマーケティング調査」も導入され始めたばかり。これからさらに計測レベルも上がってくれれば、金融マーケティングを行う上でも、より多くの示唆が得られるのではないかと思います。

金融脳内価値マップ

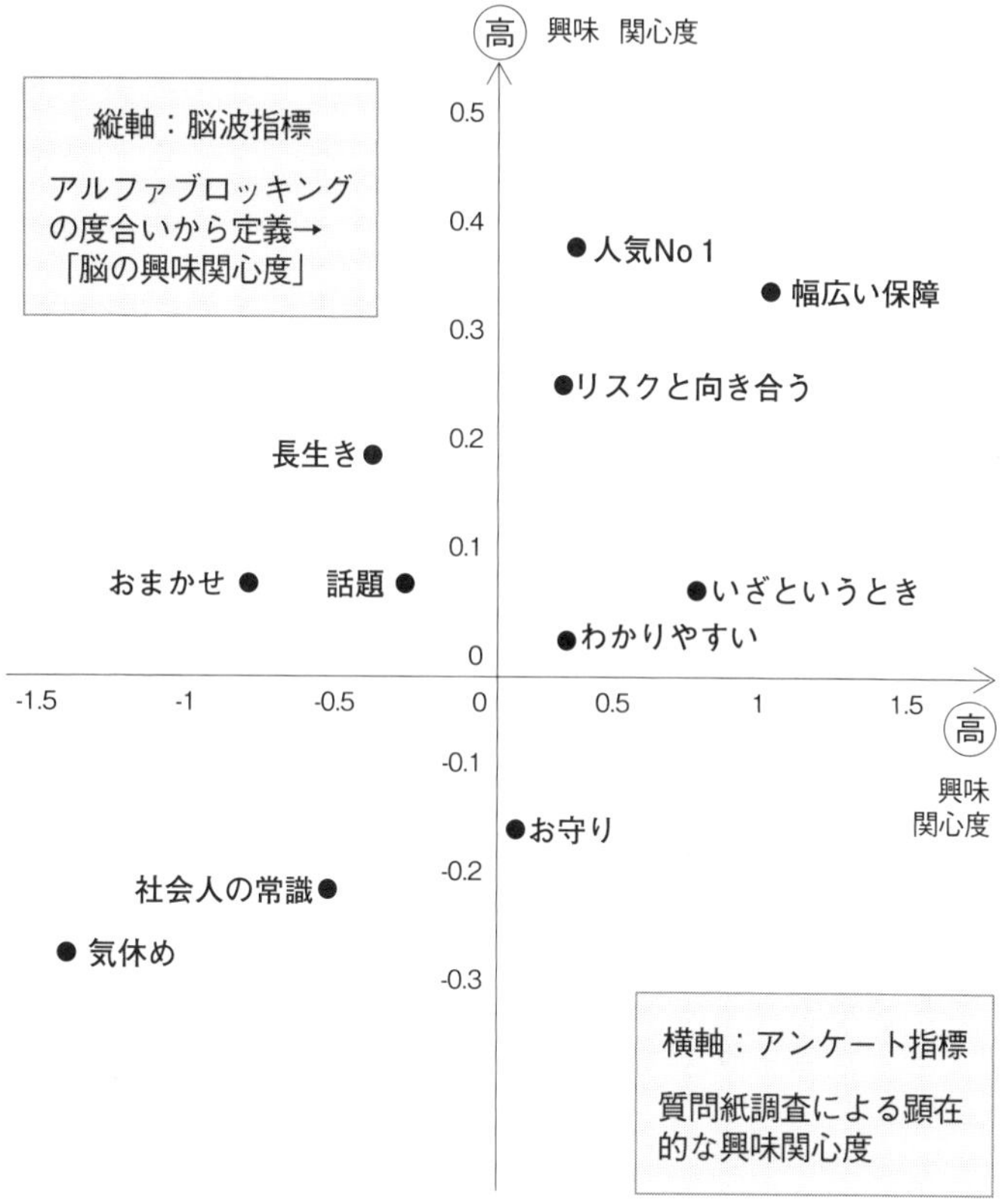

脳波測定による脳の反応に基づく興味関心度と、質問紙ベースの主観評定による興味関心度を1枚の図に表したのが、「金融脳内価値マップ」

手法⑦【ターゲット・フォトソート分析】

ブランドの個性は、ビジュアル分類で視覚化できる

◉顧客像や企業柄のイメージをあえて「見た目」で判断する

顧客像の明確化の重要性については第2章で述べましたが、より自らのカテゴリーやそのユーザーのイメージを詳細に把握するのに適した分析手法が「ターゲット・フォトソート分析」です。

あくまで「見た目」に基づいたビジュアル分類をすることで、ブランドの個性や特徴を導き出します。

具体的には、特徴的な複数の写真を参加者に見てもらい、どういうカテゴリーのユーザーであるかをあくまで客観的なイメージで選んでもらいます。

次に紹介するのは、ADKが2013年5月に20代から50代まで3324名を対象に行

った「ターゲット・フォトソート分析」です。このとき用意した写真は20枚に及びました。その中で、銀行（メガバンク）カードローンユーザー像として数値が高かったのが次のページの上に示した3枚。いかにも働くビジネスマンというイメージが選ばれました。

一方で、消費者金融ユーザー像として高い数値を示したのが次のページの下に示した3枚。ダーティ・ワイルド系のイメージの写真ばかりが選ばれています。しかし、実際、利用者のプロファイル分析をしてみると、銀行ユーザーと消費者金融ユーザーでは、若干の年収の差はあるものの際立った違いは見られないのです

いかに世間が見る、見た目の印象、偏見が強いかが分かります。

とはいえターゲット（顧客）像が、このようにイメージされていると、自分がその仲間入りをするというのは勇気がいります。つまり、消費者金融を利用するということは、自分もその「一員」とみなされるわけで、これは利用者にとって実は大きなハードルです。

さらに、ブランドユーザーのイメージ分類にとどまらず、フォトソート分析を活用した定性調査（グループワーク）も効果的です。

「なぜそうしたビジュアル分類をしたのか」

といった分類理由などを答えてもらい、よりブランド・パーソナリティを「見える化」していくのです。

ターゲット・フォトソート分析

メガバンクのカードローンユーザー像

メガバンクのカードローンユーザー像には、
いかにも働くビジネスマンというイメージが選ばれた

消費者金融ユーザー像

消費者金融ユーザー像としては、
ダーティー・ワイルド系のイメージの写真ばかりが選ばれた

※実際に調査で使用したものと類似の写真

手法⑧【ワークショップ・グルイン】
会話より深い「インサイト」を導き出す

◉消費者の本音をいかに引き出すことができるか

第2章で紹介したように、最近、金融マーケティングの担当者から、「定量調査（アンケート調査）では消費者のニーズや心理がつかみきれない」ということが頻りと言われます。

そこで、近年、再度脚光を浴びているのが、座談会形式で司会役が質問を投げかけて、答えてもらう定性調査、いわゆる「フォーカスグループインタビュー」です。

とはいえ、定量調査から定性調査に切り替えただけで、信憑性の高い情報を取得できるようになるかといえば、そうとも言えません。

ただ質問を投げかけて、答えてもらうというだけでは、相手が正しい答えを言ってくれる保証などどこにもないからです。

加えて、参加者を集めて、ディスカッションを行うワークショップも盛んになってきましたが、実際の効果という点では、疑問符が付かざるを得ないものも見られます。事実、金融のことについてほとんど知識がない人たちが集まってディスカッションをしても、なかなか話題が広がらないというのはよくある話だからです。

これと関連して、よく起こりがちなのが、そのグループの中では比較的金融の知識がある参加者の発言に他の参加者が引っ張られてしまうという事態です。リテラシーの少ない金融においては、特にその傾向が強く見られます。

少々、投資信託をかじったことがある、カードローンを利用したことがある、そうした人が、自分の経験を含めて、商品内容や金融の状況について説明を始めると、その座にいるみんなが、

「へえ、そうなんだ」

と妙に納得してしまい、あとはひたすらその人の話の聞き役に徹してしまうということがよくあります。これでは意味がありません。

さらに、個別の意見や体験を述べ合う形式だと、見栄やプライドがじゃまをして、周りのみんなに聞こえのいい発言をしがちです。

要は、どれだけ消費者の本音を引き出すことができるかが問題なのです。

そうした状況を踏まえて、近年は定性調査、特にワークショップのやり方も非常に進化、発展してきました。

特に最近は、漠然と議論を行うのではなく、一定の作業をさせながら、自然と本音を引き出すための手法（これをモジュールと言います）も数多く生まれてきています。また、それを効果的に盛り込み、プログラム化されたワークショップも確立されてきました。

さらに、従来から大きく変わったのが、グルイン（グループインタビュー）やワークショップの司会者に対する認識です。従来は単に司会進行を務める存在（モデレーター）でしかありませんでしたが、現在では、議論・作業をうまくコントロールし、かつ一定の結論に導いていく合意形成促進者（ファシリテーター）の役割が期待されています。

ちなみに、このファシリテーターは誰にでも務まるというものではありません。それ自体高度なスキルや、科学的な知見が必要ですから、ＡＤＫでは特別な研修制度を設けて、独自にファシリテーターを養成しています。

現在ではＡＤＫ内でもその資格を取得した約30名のファシリテーターが、各企業やマーケティングの現場で活動しています。

◉共同作業をしながら、課題や解決策を探るグループワーク

では、ADKが進めているワークショップ（正式にはワークショップ型のグループインタビューと言っています）の代表的な展開についてご紹介しましょう。

いずれも参加者に一つの課題を与えて、共同作業を行いながら、課題や解決法を抽出する手法です。

●ブランドのグルーピング

ブランドの価値やイメージを自然と引き出すための仕掛けとして、私たちがよく行うワークショップの手法です。

多くの金融会社の名前のプレートを用意した上で、ファシリテーターが、

「これらの金融会社を、あなたが思う自由な基準でグループ分けしてください」

「さらに、それぞれのグループに名前をつけてみてください」

「なぜ、そのようなグループ構成になったのか、理由やイメージをお聞かせください」

というお題を出し、グループで作業を進めていきます。

もちろん、グループ分け自体には、正しい答えは存在しません。従って、金融リテラシーがある、なしにかかわらず、誰もが身構えずに興味を持って気楽に取り組める。これも利点の一つです。

さらに、これまでのワークショップでは、各ブランドのイメージを把握する際に、

「この企業のイメージをお聞かせください」

と質問して、答えを求めるという手法が一般的でした。

しかし、これでは的確な答えは返ってこない場合も少なくありません。聞かれた側も答えづらいし、その内容も答える人の独自の主観に基づいていますから、非常に曖昧です。

しかし、このグルーピングは、いきなり明確な答えを求めません。作業をしながらみんなで考えていきましょうというプログラムなので、議論自体も停滞せず、ユニークな発想をくみ上げることができます。

利点はそれだけではありません。

消費者は、複数の金融機関とお付き合いをしているのが普通です。

従って、その人なりの考えや普段の金融機関とのかかわりなどが、自然とグルーピングに反映されやすい。つまり、当事者意識を持って取り組めるのもメリットの一つです。

中には、非常に珍しい分類をする人たちもいます。

その理由を聞いていくと、「商品がとんがっているから」といったように、ユニークな答えが返ってくる。そこから話を広げていくと、さらに興味深い内容の話が聞けたりするのです。

加えてこの作業は複数の人たちとの共同作業によって進められますから、一人の勝手な思い込みから離れて、ある程度の客観性も確保できます。

●各ブランドのコンテキスト分析

これは各ブランドから思い浮かぶものをもとに、グループで連想マップをつくっていく手法です。

最初にファシリテーターが、

「『A社・B社・C社』からイメージすることを何でも結構ですので、自由にお答えください」

というお題を与えます。それを踏まえて

「そこからイメージすること、それから感じること、何でも結構ですので、関連することを自由につなげてください」

という形で、連想マップを作成していきます。

もちろん、グループでつくっていくわけですから、意見が分かれたり、対立したりする部分もあるでしょう。その場合にはディスカッションを行って、より意見を豊富に出しながら、進めてもらいます。

その上で、ブランドに対するイメージ、強み、弱みなど、さまざまな差異を浮き上がらせていきます。

この分析で、最も肝心なのは、いかに連想の枝を縦横に伸ばせるか、本質に迫れるか、です。

例えば、A証券会社についてのイメージについて意見を出してもらうと、ある人は「怖い」と答えたとします。

その理由として、

「過去に不祥事を起こしたから」

という意見が挙げられて、みんなが納得したとすると、

「過去の不祥事が現在の成長を阻む足かせになっているのではないか」

ということが明確になるわけです。

そのように、一つの意見から次の意見をどんどん引き出していくことで、曼荼羅のよう

な連想マップができあがります。

いい意味でも、悪い意味でも、それ自体が企業柄の全体像を示しているわけです。

通常のディスカッションでは、こうはいきません。

「Aという企業はどういう企業ですか」

「敷居が高い企業です」

で終わってしまうのが一般的です。しかし、これでは何の課題も解決策も見えてこない。そもそも「敷居が高い」という特徴はいい意味で言っているのか、悪い意味で言っているのかも不明です。

そこで必要になるのが「理由」です。

「偉そうだから敷居が高く見える」という答えが返ってくれば、それはコミュニケーションのやり方に問題があるということが分かります。

一方で、

「自分に、特別感や優越感を与えてくれるから、敷居が高く見られて気分がいい」が理由だとすると、これはむしろポジティブな意見ですから、むしろコミュニケーションが成功しているということを意味します。

クレジット会社Aの連想マップ

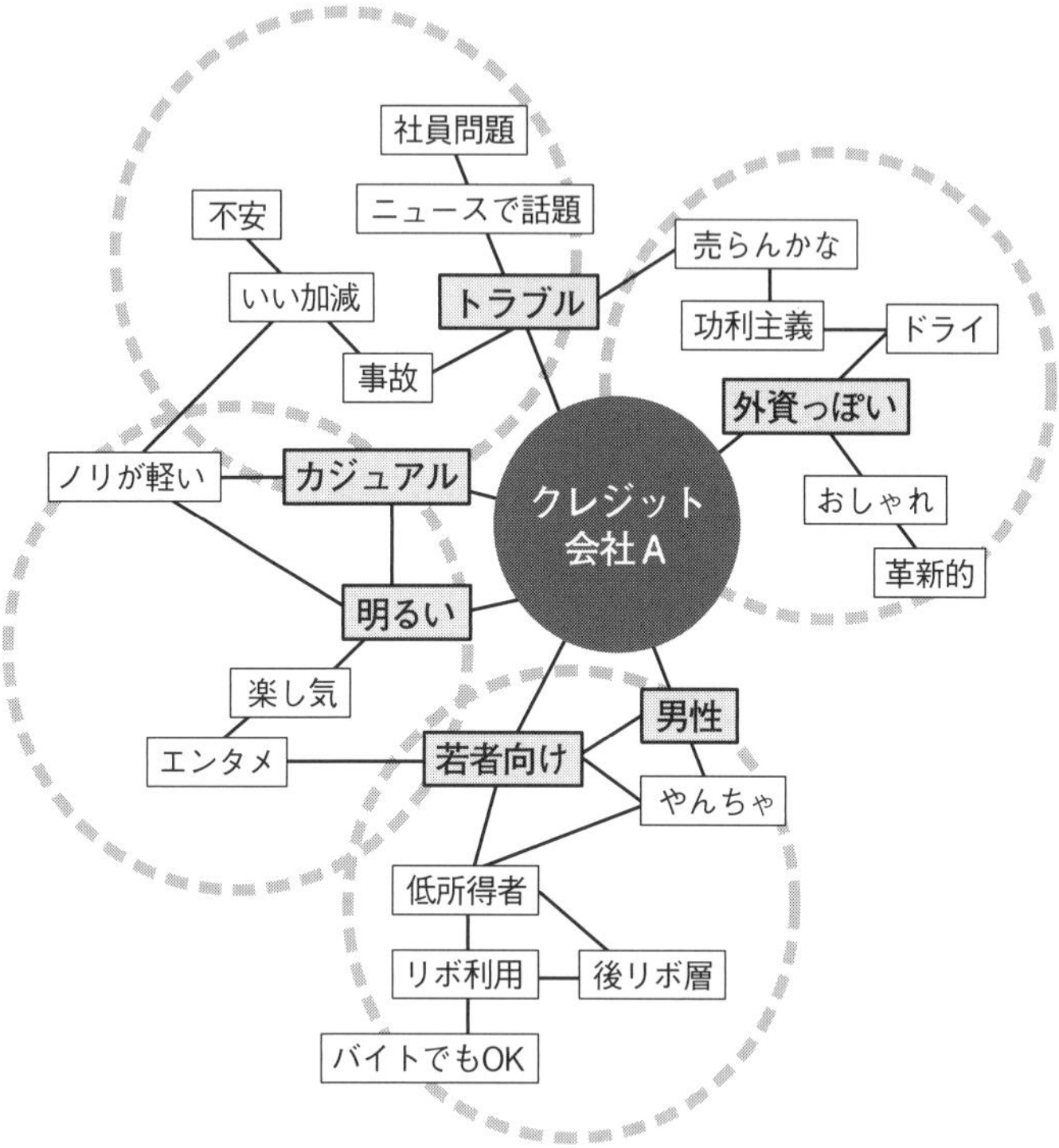

クレジット会社Aから連想することを、枝を伸ばして書いていく。上図の「外資っぽい」など。その後、理由を挙げる。上図の「ドライ」「おしゃれ」など。さらにその理由で枝を伸ばして書いていくと、クレジット会社Aの企業柄の全体像を示す連想マップができる

この連想マップは競合他社との比較をする上でも役立ちます。

競合の持っているイメージがたちどころに分かるからです。定量調査では「銀行系」「消費者金融系」というカテゴリー内で、一緒くたにされがちですが、コンテキスト分析をすることで、より互いの特徴が明確になります。

その中から、

「参考にすべきこと」

「反面教師にすべきこと」

「自社が払拭すべきこと」

などがより鮮明に見えてきます。

さらに、「トレード・オフ・チョイス」という作業も行います。ある条件が利用の足かせになっていたとすると「では、もしそれが解決されたらどうか?」「逆に、これが、他社に存在していたらどうか?」といった質問を投げかけ、「選択ポイント」の重要度（優先順位）を測ります。いわゆる「コンジョイント分析」の考え方、視点です。

◉全社を挙げた体制構築に役立つ「社内ワークショップ」の展開

ワークショップは、金融会社全体を巻き込んで行える利点もあります。

特に企業のブランド構築のような、大きなプロジェクトを進めるにあたっては、社内を挙げた協力体制が必要になります。そのような際に有効に機能するのが、社内の各部署の人材を集めた上での「社内ワークショップ」です。

実際、私たち広告会社、そして企業の宣伝部のほかにも、広報、各事業部、財務関係など、社内のいろいろなセクションから人材を集めてワークショップを行うケースもあります。しかも数日間に渡り、ときには合宿で行う場合もありますから、人間的なつながりも深くなるし、各セクションの合意の上で決まったことですから、決定事項をすぐに実行に移せます。

ある意味では、宣伝部の労力を軽減させることにもつながるわけです。

以前、某証券会社では、ある商品の販売に先立って、新しいコミュニケーション展開のプレゼンテーションを行ったことがあります。

われわれもそのコンペに参加し、いかに魅力的なコミュニケーションにするか、頭を絞

りましたが、実際に決まった内容は、

「今、その商品を出すのがふさわしいのか、そこまで立ち戻って一緒にわれわれと考えませんか。そのために社内外の人材を集めて『社内ワークショップ』を開きましょう」

という提案でした。プレゼンの前提からかけ離れた（というより無視した）、最も奇抜な提案内容でしたが、ある意味、一番本質的な提案だったのでしょう。その証券会社のトップが支持したようです。

一般に、金融会社と私たち広告会社は「発注・受注」という関係で結ばれています。金融会社がテーマを出し、広告会社がそれに企画内容で答える。

そうなると、実際の施策を企画するのは広告会社で、当の金融会社自体の関与はどうしても薄くなりがちです。

役割分担と言ってしまえばそれまでですが、実際にそうした関係性がベストなのか、もっと社内の各組織が参画できる機会を提案するべきではないのか、深く考えるべき重要な問題でもあります。社内ワークショップの進展が、ビジネスパートナーという広告会社と金融会社との新たな関係性を考えるきっかけになるかもしれません。

第4章

消費者が動き出す広告の仕掛け

ターゲットを「行動」させるには？

◉コミュニケーションを「自分ごと化」から始める

自動車や飲料、情報機器などの、一般消費財の広告コミュニケーションとは異なり、金融商品のコミュニケーションには、商品そのものを「可視化」させることができないという大きな障壁があります。

クルマやビールやスマートフォンなどと違って、「預金」や「保険」には、目に見える「カタチ」がないのです。

実際に広告を制作する側からすると、商品を「見せられない」というのはコミュニケーション上の一つのハンデであり、効率も悪くします。ゆえに、金融商品の広告には、見えないモノの良さを伝えるという点で、強い工夫とアイディアが求められます。

クルマやビールやスマートフォンなどの消費財は、可視化できるがゆえにwant to do=欲しい、飲みたいという、人間の根元的な欲求（desire）を刺激することができます。誤解を恐れずに言えば、おいしいそうなビールのシズルやスタイリッシュなクルマの走行シーンを見せるだけでも、ある程度は消費者を動かすことができてしまうのは、そういう理由です。

クルマやビール、スマートフォンなどは、人の心の中に「それを手に入れたい」「それを飲んでみたい」といった潜在的な欲望がある程度存在しているので、コミュニケーション用語でいう、自分ごと化（その商品やサービスが自分に関係あること）は、モノを見せることで、ある程度、終わらせることができます。

しかし、金融商品には、そもそも人間の中に「憧れる」とか「欲しい」といった潜在的欲求をかきたてるものはほとんどありません。

「預金」に憧れることや、喉から手が出るほど欲しい「保険」など、なかなか想像できるものではありません。そもそも私たちは、普段の生活ではほとんど金融商品のことなど考えずに生きています。生活に関与する度合いが、一般消費財に比べて金融商品は圧倒的に低い、というのが現実なのです。

だから、金融商品のコミュニケーションは、「この商品は、あなたにも関係ありますよ」

ということを強くターゲットに意識させ、「自分ごと化」を起こすことが非常に重要なのです。そして、その「自分ごと化」のエンジンになるのが、「必要」という概念です。

◉金融商品の行動喚起には、強い「実感」が不可欠

人の中に潜在的な欲望を宿す一般消費財が、want to doをつくる「欲望（desire）刺激型コミュニケーション」だとすれば、金融商品は、need to doをつくる、つまり必要性をいかにして実感させていくかという「必要（necessity）実感型コミュニケーション」ということができます。前者は、ニューロマーケティング的には「右脳型コミュニケーション」であり、後者は「左脳型コミュニケーション」とも言えるでしょう。

とはいえ、「必要（necessity）実感型コミュニケーション」は、「あなたにはこれが必要ですよ」と、正面からアピールすればいいのかと言えば、そういうことではありません。そこに必要性を「実感」させるための工夫とアイディアが欠かせないのです。

必要性を「実感」させる最も分かりやすい金融スペックの一つに、手数料などの「無料」とか「ゼロ円」といったものがあります。これらは確かに強いスペックではあるのですが、今、世の中には「無料」や「ゼロ」があふれており、通り一遍なアプローチではターゲッ

トにスルーされてしまいます。

住信ＳＢＩネット銀行が、手数料無料を打ち出した交通広告があります。単に「手数料無料」を声高にアピールするのではなく、その手数料を取られていなかったら何ができたか、というアプローチをとったのです。

「えー、このＡＴＭ手数料で肉まん１個買えたじゃーん。」

このキャッチフレーズは、私たちが時間外などでＡＴＭ手数料を取られてしまったときの、「チェッ」という悔しさを実によく表しているし、ターゲットに「分かる分かる！その気持ち」という強い「実感」をもたらしています。

手数料が無料になる嬉しさに着目するのではなく、手数料を取られたときの悔しさに着目することで、ターゲットにこの銀行の「必要性」を強く植え付けることに成功しているのです。

このように、金融商品の広告コミュニケーションにおいては、その必要性を「実感」させることが不可欠です。「実感」させるということは、ターゲットの心理に「肉薄」するということであり、それができれば、ターゲットを行動に駆り立てることが可能になります。つまり、ターゲットの強い「実感」を醸成することが、金融商品の「行動喚起」につながる、と言っても過言ではありません。

住信ＳＢＩネット銀行　交通広告

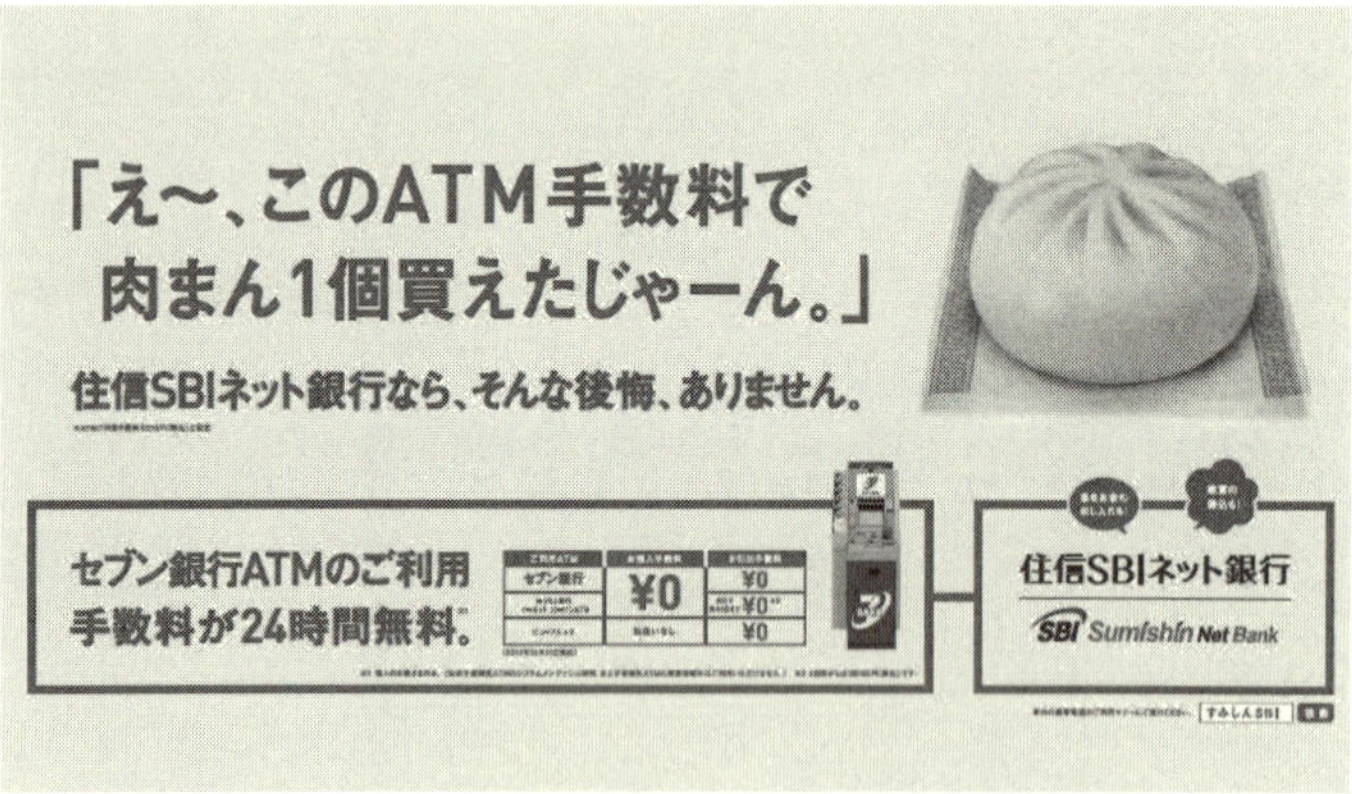
「え〜、このATM手数料で
肉まん1個買えたじゃーん。」
住信SBIネット銀行なら、そんな後悔、ありません。
セブン銀行ATMのご利用
手数料が24時間無料。
¥0
住信SBIネット銀行
SBI Sumishin Net Bank

キャッチフレーズで、手数料が無料になる嬉しさに着目するのではなく、手数料を取られたときの悔しさに着目することで、ターゲットにこの銀行の「必要性」を強く植え付けることに成功している

金融商品プロモーションにとって、ターゲットの「行動喚起」ほど重要なものはありません。可視化できない論理型商品が多い金融商品は、一般消費財のように、購入や入手のプロセスが簡単ではないことが多くあります。インターネットにアクセスしてまず会員になったり、電話して詳しい情報を聞いたりといった、購入前の「行動」が欠かせないことが多いのです。

そういう意味で、金融商品のプロモーションは、ターゲットを「行動」に走らせることが何より大切であり、その「行動」のエンジンになるのが、ターゲットにおける「必要性」の「実感」なのです。

ターゲットを突き動かした具体例

◉「想定外ファクター」がコミュニケーションの引き金に

では、どのようにして必要性を「実感」させていくのか。この点が、金融商品の広告コミュニケーションで最も頭の使いどころになります。

そのテクニックの一つが、「想定外ファクター」でコミュニケーションに引き込む、というものです。

金融商品は論理型の商品が多いため、どうしてもある程度「説明」が必要になるのですが、その説明だけのCMでは、ふだん金融商品に関与が低いターゲットには簡単にスルーされてしまいます。そこを強く意識しなければなりません。

アフラックのCMで、シニア世代の男性が河原の土手で楽しそうに歌います。

アフラック　CM

①

楽しそうに歌う。「僕には、夢がある、希望がある～」「そして、持病がある～♪」夢、希望と、明るい未来の話かと思わせておいて、次に来るのが「持病」というギャップ

②

このCMは結論として、「持病があっても入れる保険ができました」と言いたいもの。強いギャップのある歌によって、自然ながら強烈にターゲットに「持病」という言葉を刷り込む

「僕には、夢がある、希望がある～」

「そして、持病がある～♪」

夢、希望と、明るい未来の話かと思わせておいて、次に来るのが「持病」というギャップ。この想定外ファクターには、誰もがクスッと笑わせられるでしょう。

このCMは、要は「持病があっても入れる保険、できました」と言いたかったのですが、この強いギャップのある歌によって、自然に、しかし極めて強烈に「持病」という言葉をターゲットに刷り込ませることに成功しています。想定外ファクターが強力に作用した一例です。

そうした事例を、いくつか紹介します。

●オリックスクレジット（VIPローンカード）

これも「想定外ファクター」を活用した、カードローンCMの好例です。

篠原涼子さん演じるひとりのOLが、あたふたと忙しそうにオフィスで仕事をしています。電話を肩にはさんで書類仕事をこなしているその真っ最中に、上司の男性が「篠原さん、コーヒー……」と頼もうとします。「こんな忙しいときに、何言ってるのよ！」という表情で上司をにらむと、上司が「（コーヒー）……入れました」と言って、デスクにカ

オリックスクレジット（ＶＩＰローンカード）ＣＭ

①

電話を肩にはさんで書類仕事をこなしている最中に、上司の男性が「篠原さん、コーヒー……」と頼もうとする。まさに「こんな忙しいときに、何言ってるのよ！」というシーン

②

仕事にテンパっている部下の女性を思いやり、「ひと休みしたら？」とコーヒーを上司が入れてあげるという想定外の展開になることで、「オッ！」と思わせる

ップを置いていくのです。

仕事にテンパっている部下の女性を思いやり、「ひと休みしたら?」とコーヒーを上司が入れてあげるという想定外の展開が、まず「オッ!」と思わせます。それは、バリバリ仕事するのもいいけど、仕事には「ゆとり」も大事だぞという、上司からのアドバイスになっているのですが、同時に、カードローンも何より「ゆとり」が大事という、ブランドからの啓発メッセージとしても機能しています。

金融商品のベネフィットには、「安心」や「ゆとり」といったものが多いのですが、総じてストレートにそれを言うと「実感」が伴いません。想定外ファクターを駆使して、自然に「ゆとり」という価値をターゲット心理に滑り込ませるのに成功した好例です。

●アメリカンホームダイレクト

ダイレクト損保(自動車保険など)のCMには、コールセンターの女性が出てくるものがたくさんあります。ダイレクト損保は店舗を持たないため、サービスの「品質」を約束するものがコールセンター、とりわけそこで顧客とコミュニケーションする「オペレーター」が担う構造になりやすいためです。

コールセンターを舞台にするCMのほとんどは「顧客」もそこに登場し、オペレーター

アメリカンホームダイレクト　CM

①

突然黒バックになって、白ヌキ文字で「その安さは、」というスーパーが大きく現れる。次の行には何が出てくるのか非常に気になるつくりとなっている

②

①の黒バックの間も、音声ではオペレーターと顧客との会話は続いている。②のオペレーターの画面に戻り、さらにもう一度、黒バックに戻ると、2行目に、「会話から。」というコピーが現れる

と会話して満足する様子が描かれることが多いと思います。

しかし、アメリカンホームダイレクトのＣＭでは、オペレーターしか出てきません。顧客は、電話を通した「声」だけが聞こえてくるという構造になっており、まずそこにちょっとした「想定外」があります。

ダイレクト損保のメリットは、対面型の保険よりも「コストが安い」ことです。しかし、どのダイレクト損保も対面型より安いことは当たり前で、差別化が難しいのです。

アメリカンホームダイレクトは、オペレーターが顧客と親密に「会話」することで、顧客にとって本当にリーズナブルな保険を設計できるという、「会話品質」に着目しました。

ＣＭの中で顧客が「新車を買った」と言うと、オペレーターが「それはおめでとうございます」と言います。クルマを買った人に「おめでとうございます」などとは普段は言わないものだし、顧客もちょっと戸惑いますが、オペレーターのほんわかした「人柄」を感じさせる台詞として印象的です。

その後、ＣＭは突然黒バックになって、白ヌキ文字で「その安さは、」というスーパーが大きく現れます。その間もオペレーターと顧客との会話は続いていて、声だけが聞こえてくるのですが、「その安さは、」の次の行に何が書いてあるのか非常に気になるつくりになっています。もう一度オペレーターの画面に戻り、さらにもう一度黒バックに戻ると、今度は「その安さは、会話から。」と、2行目のコピーが現れます。

コピーを1行目と2行目に分けて時間差で画面に出すという、シンプルな「焦らし」のトリックですが、「そうか、こうやってオペレーターと会話することで安い保険が生まれるんだ」という、強い実感と納得につながっています。

また、単純に無店舗だからコストが安いのではなく、この会社は、オペレーターの人柄や個性による「会話品質」にこだわり、「会話」によって「安さ」を提供するという、ダイレクト損保の新境地を開くことにも成功しています。

●三菱東京ＵＦＪ銀行

三菱東京ＵＦＪ銀行カードローンのＣＭは、グループインタビューの設定で展開します。司会役の阿部寛さんが、「A．口座がある人」「B．口座がない人」というフリップを見せながら、「カードローンのカードを申し込める人は、どちら?」と参加者に聞いていきます。

参加者は、銀行のカードローンについての質問であるため、当然「A．口座がある人」ではないかと口々に発言をします。

すると、阿部寛さんはフリップにマジックで何かを書き込み、それを参加者に見せるの

三菱ＵＦＪ銀行　ＣＭ

①

視聴者には、フリップに書かれたことが「見えない」ようなカメラアングルでＣＭが展開。グループインタビュー参加者が驚いた発言をするので、視聴者も知らず知らずその答えに引き込まれていく

②

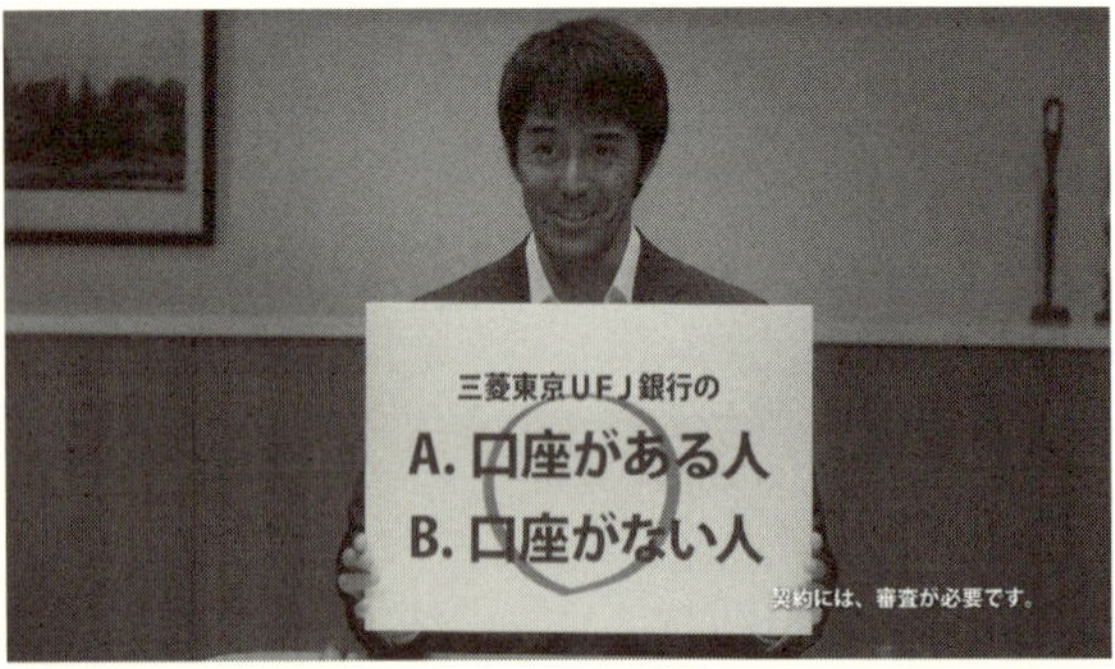

ＣＭのラストで明かされる答えは、Ａ・Ｂ両方に○がつけられており、どちらかではなく、「どちらもＯＫ」という、意外性のある答え

ですが、ＣＭを見ている私たち視聴者には、フリップに書かれたことが「見えない」ようなカメラアングルでＣＭが展開するのです。しかも、参加者は「ホントに？」とか「そうなの？」とか、意外な答えを示された反応をするので、視聴者も知らず知らずその答えに引き込まれていきます。

ＣＭのラストで明かされる答えは、Ａ・Ｂ両方にマジックで○がつけられており、どちらかではなく、「どちらもＯＫ」という、意外性のある答えでした。

答えのフリップを裏側からしか見せないという「焦らし」のテクニックと「想定外」の答えでサービスの内容に引き込む、実に巧妙な仕掛けのＣＭです。

●ソニー生命

このＣＭの設定は非常にシンプルで、別荘のように見える高級な邸宅のテラスにテーブルがあり、そのテーブルの左右にふたりの男性が向かい合って談笑しています。しかし、会話の内容（音声）は聞こえてきません。ゆったりくつろいだふたりが、親しげに仲睦まじく会話しているシーンだけが展開されます。

そこに、唐突にスーパーが現れます。

「このふたりのどちらかは、ソニー生命のライフプランナーです。」

ソニー生命　CM

①

このふたりのどちらかは、
ソニー生命のライフプランナーです。

くつろいだ男性ふたりが、親しげに仲睦まじく会話しているシーンだけが展開されているところに、唐突にスーパーが現れる

②

そしてもうひとりは、彼のお客様です。

どちらがライフプランナーで、どちらがお客様か、CMを最後まで見てもわからないつくりになっている

「そしてもうひとりは、彼のお客様です。」という内容です。

どちらがライフプランナーで、どちらがお客様か、CMを最後まで見てもわからないつくりになっています。「どっちがどっちなんだ？」と考えさせられる「焦らし」のテクニックだけでなく、最後まで答えを開陳しないという「想定外」エンディングで、CMの最後まで非常に引き込まれます。

しかし、このCMから、ソニー生命のライフプランナーとお客様との関係は、たいへん親密なものであり、優れた信頼関係を構築していることが静かに伝わってきます。「信頼」という価値を押し付けがましくなく、それでいて強く「実感」させる、対面型生保CMの、名作の一つです。

●新生銀行

この新生銀行の新聞広告のキャッチフレーズは、「新生銀行に、5分ください。」です。

これは、資産運用商品を紹介したいので、時間を5分ください、という主旨ですが、何やら「お願いです、5分でいいから聞いてください」と言われているような、ある種、悲壮なまでの「切迫感」が伝わってきます。

しかし、その「切迫感」がこの広告に人を引き込むチカラを与えています。人間は、あ

新生銀行　新聞広告

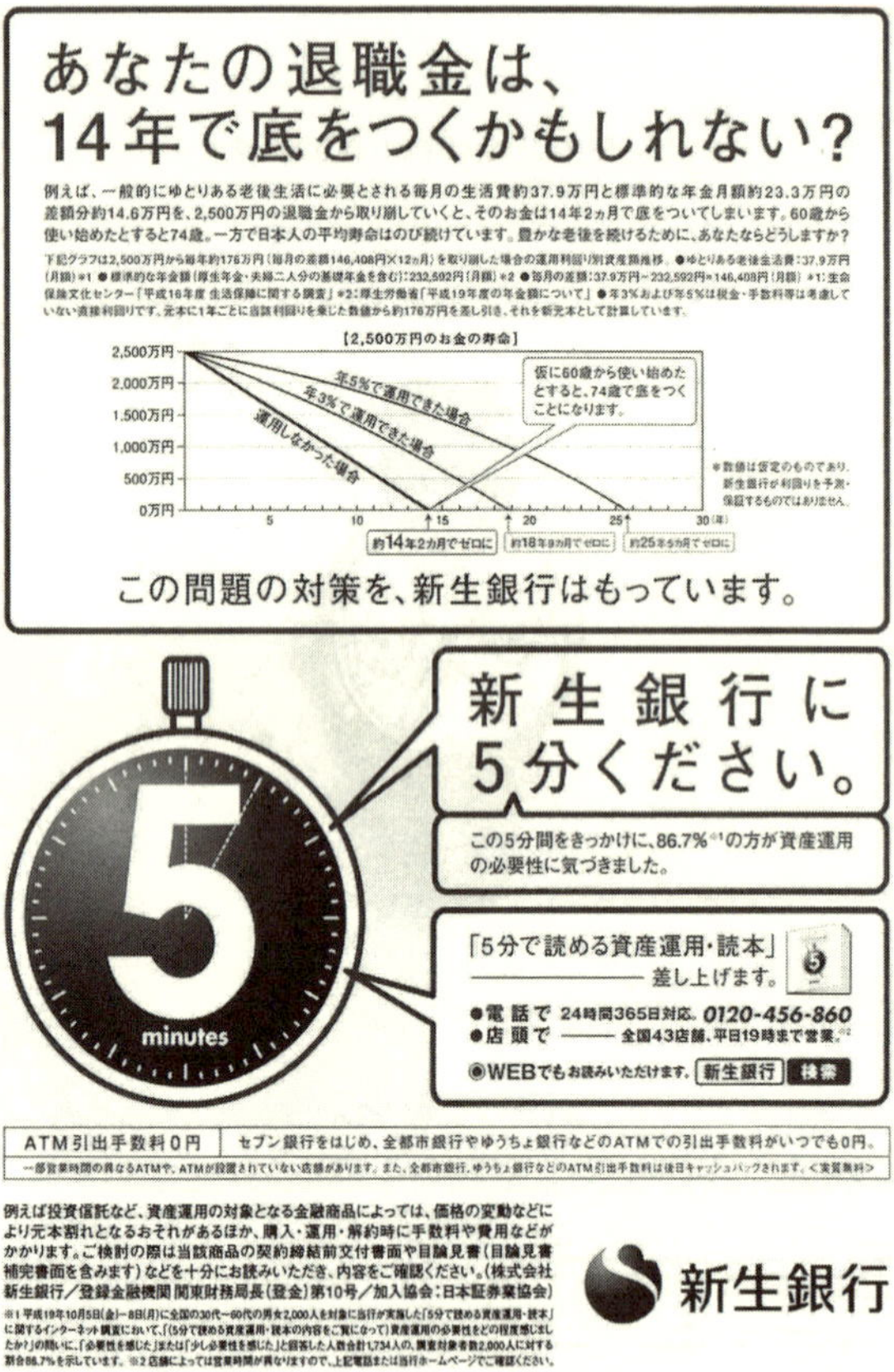
あなたの退職金は、
14年で底をつくかもしれない？
例えば、一般的にゆとりある老後生活に必要とされる毎月の生活費約37.9万円と標準的な年金月額約23.3万円の差額分約14.6万円を、2,500万円の退職金から取り崩していくと、そのお金は14年2ヵ月で底をついてしまいます。60歳から使い始めたとすると74歳。一方で日本人の平均寿命はのび続けています。豊かな老後を続けるために、あなたならどうしますか？
【2,500万円のお金の寿命】
2,500万円
2,000万円
1,500万円
1,000万円
500万円
0万円
5
10
15
20
25
30（年）
年5%で運用できた場合
年3%で運用できた場合
運用しなかった場合
仮に60歳から使い始めたとすると、74歳で底をつくことになります。
約14年2カ月でゼロに
この問題の対策を、新生銀行はもっています。
新生銀行に
5分ください。
minutes
この5分間をきっかけに、86.7%※1の方が資産運用の必要性に気づきました。
「5分で読める資産運用・読本」
差し上げます。
●電話で 24時間365日対応。0120-456-860
●店頭で 全国43店舗、平日19時まで営業。※2
◉WEBでもお読みいただけます。 新生銀行 検索
ATM引出手数料0円
セブン銀行をはじめ、全都市銀行やゆうちょ銀行などのATMでの引出手数料がいつでも0円。
例えば投資信託など、資産運用の対象となる金融商品によっては、価格の変動などにより元本割れとなるおそれがあるほか、購入・運用・解約時に手数料や費用などがかかります。ご検討の際は当該商品の契約締結前交付書面や目論見書（目論見書補完書面を含みます）などを十分にお読みいただき、内容をご確認ください。（株式会社新生銀行／登録金融機関 関東財務局長（登金）第10号／加入協会：日本証券業協会）
新生銀行

「お願いです、５分でいいから聞いてください」と言われているような「切迫感」が人を引き付ける力になっている

りきたりな誘い言葉には反応しないものですが、「そこまで言うなら……」という前置きに弱いのも真実です。

優れた金融広告とはこのように、人間はどんな言葉、どんな態度に振り向くのか、そして、低関与なターゲットの心をいかにしてこちら側に向かせるのか、考えに考え抜いた、高度な心理戦を挑んでいるのです。

◉ニューロマーケティングで「頭脳戦」を挑む

金融商品は、構造や仕組みが複雑なものが多く、ゆえにその広告コミュニケーションは情報の整理や翻訳を駆使して「理性的に」訴えることを求められます。そういう意味で、金融商品のコミュニケーションは、理性的＝左脳的コミュニケーションが大半と言えるかもしれません。

住信SBIネット銀行の手数料「無料」、オリックスVIPローンの「ゆとり」、アメリカンホームダイレクトの「安さ」、いずれも理性的な価値であり、そのコミュニケーションは我々の「左脳」を刺激する情報であることが分かっています。

そんな中で、金融商品における価値で（ほぼ唯一と言っても良いですが）、右脳を刺激する情報があります。

それが、「ステータス」や「優越感」といった情報です（ADKニューロマーケティング調査より／70ページ参照）。

また、右脳を刺激する情報は、より直感的で感覚的であることも分かっており、かたや客観的で理性的な左脳情報とともに、その両者を同時にコントロールしようとするアプローチ（ニューロマーケティング）は、正反対のものを的確にコントロールしようとする意味合いにおいて、クルマの運転、つまりアクセルとブレーキのコントロールに例えることができます。

●三菱マテリアル

三菱マテリアルの「純金積立」の新聞広告は、全面ゴールドというビジュアルが鮮烈です。まず、その派手さ、豪華さに目を引き付けられるとともに、「I'm GOLD OWNER.」というコピーが飛び込んできます。

文字通り「GOLD」を所有しませんか、というオーナーシップをそそるコピーで、この広告は、第一に読者の「右脳」を刺激し、クルマで言えばアクセルを一気に踏ませようとしています。つまり、純金積立の会員化を強烈に促しているのです。

三菱マテリアル　新聞広告

全面ゴールドという鮮烈なビジュアルで掲載。「I' m GOLD OWNER.」というコピーが右脳を刺激。やや小さいサイズの「月々３０００円から」というコピーが左脳への情報となる

「GOLD OWNER」という言葉は、「憧れ」や「ステータス」を我々の右脳に惹起させる一方で、GOLDを持ったことのない人、非体験者たちからはGOLDの高額イメージ、優越イメージから「自分には無理だよ」といった、敷居の高さを醸成してしまうことも考えられます。アクセルを強く踏ませる効果のある右脳情報が、ブレーキとなってしまうことがあるわけです。そこで登場するのが、ブレーキを外す効果のある左脳情報との組み合わせなのです。

三菱マテリアルの新聞広告を見ると、キャッチフレーズよりやや小さいサイズで、「月々3000円から三菱の純金積立」というコピーが入っています。

実は、この「3000円から」始められるという左脳情報、および「三菱の」安心感という左脳情報が、巧みにターゲットのブレーキを外す効果を果たしているのです。

「アクセルを踏む＝右脳情報」×「ブレーキを外す＝左脳情報」

金融ニューロマーケティングは、こうして右脳情報と左脳情報を掛け合わせ、巧みにコントロールすることで必要性の「実感」を醸成していきます。

金融商品コミュニケーションは、巧みな「心理戦」であると同時に、右脳情報・左脳情報を効率よく駆使していく、ハイレベルな「頭脳戦」でもあるのです。

●大和証券（SMA）

最後に大和証券のSMAを紹介します。SMA、これは「投資一任契約」と呼ばれるもので、5000万円以上（広告掲載時）のまとまったお金を証券会社に預け、その運用を一任するという、かなり富裕層向けの商品です。

エメラルドグリーンの南国の海に浮かぶ一隻のクルーザー。そこに、

「わたしがリゾートで休暇中の時も、わたしの資産は運用されている。」

というキャッチフレーズが入ります。

ビジュアルの美しさが一気にターゲットの右脳を刺激するとともに、巧みなコピーワークで、煩わしい資産運用業務から解放された「わたし」の贅沢な気分を伝えてきます。富裕層にアクセルを踏ませたくなる工夫が全面的に施されているように見えるこの広告ですが、ブレーキを外す「左脳情報」はどこに仕込まれているのでしょうか。

富裕層がターゲットとはいえ、5000万円を超える資産を特定の人間に一任するのは勇気がいります、逡巡が生まれることもあるでしょう。

「契約金額が900億円を突破いたしました。」というサブコピーは、ためらいを覚えたターゲットに対して、「みなさんもう始めてますよ、支持されてますよ」という安心情報を左脳に与え、さりげなくブレーキを外す効果を果たしているのです。

大和証券（SMA） 広告

エメラルドグリーンの南国の海に浮かぶ一隻のクルーザー。優雅で美しいビジュアルがターゲットの右脳を刺激。「契約金額が９００億円を突破いたしました。」というサブコピーが安心情報を左脳に与える

◉可視化できない商品を、いかに「必要」と思わせるか

何であれ、目に見えないもの、カタチのないものをわかりやすく説明するのは難しいものです。

ましてやそれが複雑な仕組みを持つ金融商品であれば、なおさらでしょう。

説明さえ難しいものを、いかに「必要」と思わせることができるか。

しかもたった15秒で、あるいは、小さな新聞広告スペースで。

優れた金融広告コミュニケーションは、「こう言えば人はどう思うか、どう行動するか」を徹底的に考え抜いた、卓越した人間心理コミュニケーションでもあるのです。

第5章

金融マーケティングとインターネット戦略

インターネットの強みを最大限に活かす

◉インターネット広告の強みは、レスポンスコミュニケーションにあり

インターネットが世の中に浸透するきっかけは、ウィンドウズ95の登場、そして翌1996年のヤフージャパンのサービス開始にありますから、今やインターネットが普及して20年弱が経過したことになります。

現在では年齢性別を問わず広く利用され、毎日の生活に欠かせないものになっています。もはやインターネット抜きのビジネス、生活は考えられないでしょう。

特に若い世代にとってインターネットは、生まれながらに身近な存在。小学生のころからパソコンや携帯電話に触れてきた彼らのような「デジタルネイティブ」の存在が、今後は消費者の主流に躍り出ることは確実です。

こうした時代ですから、インターネット上でプレゼンスがない会社、きちんと主張をしない会社、そして消費者のほうを向いていない会社というのは、これからは消費者に選ばれない時代になってくるのではないか、もっと言えば、いくら老舗企業であっても、インターネットに強い新興勢力に追い抜かれる時代が訪れるのではないでしょうか。

このインターネットの登場は、金融の世界も大きく変えました。

自宅のパソコンや携帯電話をはじめとしたモバイル端末から、「残高・明細照会」「お振り込み」などのさまざまなサービスが利用できるようになったほか、商品の購入やその手続きもインターネット上で行えるようになりました。

併せて、消費者とのコミュニケーションツールとしても、インターネットはますますその重要度を高めています。

ここではまず、インターネットを活用したコミュニケーションの強みと特徴についてみてみましょう。

最大の強みは、レスポンスコミュニケーションが的確に行えるようになったという点です。レスポンスコミュニケーションとはその名の通り、情報の受け手、すなわち消費者に対して、商品の購入やその申込などの「反応」（レスポンス）を促すコミュニケーションです。

従って、企業側が発信する情報の、企業認知やブランディング自体はあまり重視されません。それよりも、

「手数料は業界最安値」

「今だけ、特別金利キャンペーン実施中」

といった、「インフォメーション」(商品等のスペック情報)が強調されます。

ちなみにインフォメーションを別の言葉で表現すると、「チラシ」と言ってよいでしょう。

いかに目立たせるか、いかに消費者がなびく要素を並べるかが追求されます。つまり、「刺激と反応」の世界です。

◉的確なPDCAを可能にしたインターネットの機能と強み

このインフォメーション型の広告展開は、インターネットが最も得意とするところです。

インターネットを通じて、消費者は企業に容易にアクセス(反応)できるようになったほか、契約手続きもインターネット上で行えるようになりました。「刈り取り」まで行える環境が整ったことで、レスポンスコミュニケーションが実質的に機能するようになりま

した。

特に、金融業態では、対面型中心ビジネスから、非対面型ビジネスの比率の高まりが加速する結果となりました。

加えて、情報閲覧、広告バナーへのクリックなど、消費者のインターネット上の行動がすべてタイムリーに記録化、データ化されるようになりました。

金融機関はそうしたインターネットの機能を最大限に活かしながら、コミュニケーションのあるべき形を探っていく。そうしたスタイルが確立されているのです。

これはある意味、革命です。

通常のマーケティングの世界では、まずリサーチをして、消費者ニーズなどを把握し、それに基づいた戦略を立てて、コミュニケーション展開を考えていきます。

そして、実際にテレビCMを流し、3か月ほどかけて結果を見ながら、今後の展開や方向性を決めて行きます。

つまり、ある程度長いスパンの中で、コミュニケーションの仕掛けを行ってきました。

しかし、インターネット広告では申込件数やクリック数などの結果が即座に出てきます。

その結果に合わせて、

「では今日の数字の動きに基づいて、明日はこういう戦術で勝負しよう」

という形で、機動的に方針を変えることも可能です。

これが、インターネットを活用したコミュニケーションの最大の長所です。

さらに、こうしたインターネット広告の展開は、従来のマーケティングと大きく異なる手法を生み出しました。

これまでのマーケティングでは、さまざまな仮説やコンセプトを立てながら、顧客像なども勘案して、コミュニケーション手法を一つに絞り込んでいくという作業を行います。

しかし、インターネットの場合は、そもそも一つに収斂させる必要がありません。

制作費も1バナーあたり1万円から10万円程度と、テレビCMなどに比べたら圧倒的に安価であるため、

「こうやれば消費者に受けるかな」

という感覚で、数多くのバナー広告をつくって、消費者から反応があるものだけを残していく。そういう手法をとることもできるのです。

さらに、サイトの回遊動線を設計する際にも、

「どのような順番で情報を伝えていけば、ユーザーの申込完了率、ページ来訪からの申込完了率が高まるのか」

「逆に、どういう見え方だとユーザーが離脱してしまうのか」

という観点から、複数パターンをネット上に提示し、実証実験という形で結果を見ながら、ＰＤＣＡを回していくことも可能です。

どんな内容でバナーを出してクリックしてもらい、クリックした後のサイト訪問で商品を理解してもらい、納得して申込に至るのか、コミュニケーション導線を設計し、掲載メディアの検証、バナーの検証、サイトの検証など、さまざまな数値に基づいたＰＤＣＡを回しています。

◉比較サイトの存在が金融商品の広告・販売を変えた

もう一つ、インターネットがもたらした、金融業界の新たな動きとして、比較サイトの存在があります。

比較サイトとは、どの金融商品が優れているのか、お得なのかといった情報を紹介し、自分に合う商品を見つけ出すことができるサイトのことをいいます。

金融においてはクレジットカードやカードローンの比較サイトが特に多く、それぞれのサイトとも各金融機関のカードやローン商品の内容を一覧で掲載しています。

こういったサイトは個人でも容易に制作できるので、カードローンの専門比較サイトだけでも、3000媒体ぐらいは存在しているともいわれています。

これは、消費者からしてみれば、非常に利便性が高いサービスです。

というのも、金融商品は各社から出されている一方で、その内容はほぼ横並びで、なかなか比較するのは容易ではありません。だからこそ、消費者は詳細な情報を入手して、少しでも有利な商品を選択しようと考えます。

その際に、情報を一覧で確認できるサイトがあればとても便利です。各社のホームページに訪問する手間も省けます。

さらに、うれしいことに、比較サイトは無償サービスですから、利用者は懐を痛める必要はありません。

では、こうした比較サイトは、どのように収益を上げているのでしょうか。

実は、比較サイトは金融機関（例えばクレジット会社のものであれば、カード発行会社）の成果報酬型広告費によって運営されています。いわゆるアフィリエイト広告です。

つまり、金融機関は比較サイトに取り上げてもらうために広告費を支払う。比較サイトは、広告費をもらうために、その商品を紹介する。そういう関係が成り立っています。

一般的にそうした比較サイトでは、上から下に向かって、順繰りにさまざまな商品が掲載されていきます。消費者としては上に掲載されるほど、すぐれた商品のように見えるかもしれませんが、それは錯覚です。

掲載位置は広告費の多寡と送客件数によって変わります。つまり、人目に付きやすいサイトの上の位置は広告費が高く、下のほうに行けばいくほど安くなるのが原則で、収益効率で考えられているのです。基準はそれだけです。

金融機関からすればバナー広告に100万円かけたとしても、それでどれくらいのレスポンスが来るかは、実施してみないと分かりません。これは大きなリスクでもあります。

それに比べて、比較サイトの場合はある程度のレスポンスを計算できます。加えて、1件あたりの費用が決まっているので、余計な出費を気にする必要もなく、ノーリスクです。

実際、こうした比較サイトからの顧客獲得比率は、一般的に全体の5割から6割、多いところでは7割程度を占めているともいわれています。このように、インターネットの登場は金融商品の広告や販売の仕方を大きく変えているのです。

◉進展が著しいアドテクノロジー。「人」に着目した広告配信も登場

これに加えて、インターネット広告における配信技術・広告流通の技術を意味する「アドテクノロジー」の進化も著しいものがあります。

その歴史をたどると、まずはヤフージャパンをはじめとしたポータルサイト上でバナー広告が販売され、２００２年には検索連動型のリスティング広告（検索結果画面に広告を表示できる）も開始されました。

さらに近年は、後述するように「人（オーディエンス）」に着目した広告配信も生まれています。

コンテンツの閲覧履歴、検索履歴、サイトアクセス履歴、商品購入履歴など、オーディエンスに関する各種データを基に、その人に対してどういう広告を見せるのが効果的か、商品購入などにつながるかを瞬時に判断し、配信する仕組みも既に登場しています。

それだけではありません。こうした仕組みと連動し、従来のようにあらかじめ「広告枠」自体を買い取る方式ではなく、有益なオーディエンスがサイトを訪問した場合にのみ、リアルタイムの自動入札方式で広告を配信する「ＲＴＢ（Real Time Bidding）」という仕組みも生まれ、アメリカではかなり浸透しています。

同時に、近年、あるサイトを閲覧したことのある人に限定し、再来訪を促す「リターゲティング」という追跡型広告も一般的になってきました。

しかし、あまり短期間に、何度も広告配信すれば、

「しつこいな」

という印象が強くなり、逆効果になりかねません。そこで、「1週間に5回」といったように回数を限定して、くどくならないようにバナーを見せ続けていきます。

実際、私たちもこのように「オーディエンス」に着目した分析を日々実践しています。

現状では、

「今回のキャンペーンでは新規来訪率が何パーセントで、前回と比較して上がりました。その理由は？」

といったようなものが中心ですが、今後数年のうちに、居住地、年齢層、性別なども詳細にレポートできるレベルに到達することは確実です。

どういう時間帯に、どういう人がこのサイトを訪れているのか。反応しているのか。

今はまだ、1インプレッション（表示回数）、1クリックの価値が分かりにくいものの、そこまで分析できるようになれば、より精度が高いマーケティングが行えることになるはずです。

デジタルマーケッターの戦略

◉レスポンス向上を目指し繰り広げられる熾烈な競争

このように説明していくと、いかにもインターネット広告や関連技術は万能なように思われるかもしれませんが、そうとも言い切れません。

実のところ、そうした新しいシステムや技術を採用するだけで、結果を残せるわけではないのです。

現に、今インターネット上で顕著な現象の一つは、広告に対する反応の悪さです。

基本的に、レスポンスは、クリック・スルー・レート（Click Through Rate）、つまり、広告がクリックされた割合で測定することができます。

かつて、2000年以前のヤフーのトップページにバナー広告に関するクリック・スルー・レートは4％と、今では考えられないほどの高い数値を上げていました。

答えは簡単です。当時はインフォシークやライコスなどのロボット型検索エンジンが、出始めたころで、まずはこうしたポータルサイトを訪れて、その上で好きなサイトに飛ぶというように、利用者の動線が明確に見えていました。

みんなが訪れるサイトにバナー広告を出せば、ある程度のレスポンスを獲得することができるのも当たり前でしょう。

しかし、広告の掲載場所や、接触する情報量が増え、リスティング広告なども珍しくなくなった現在では、もっと複雑化したコミュニケーション設計や複数のキーワードからの流入などを考えなければいけない時代に入っています。

さらに、かつてはユーザーも物珍しさから、少しでも興味のある広告には、積極的にアクセスしたものですが、現在のようにこれだけインターネット上に広告があふれかえると、ユーザーの新鮮味も薄れてしまいます。結果、現在のクリック・スルー・レートは低下の一途をたどっているのです。

ある調査では、現在の平均的なクリック・スルー・レートは0・4％とも言われていますが、これでもかなりいいほうだと思います。ＡＤＫが独自に行う調査では、0・1％や、0・05％という数字が出ることも珍しくありませんから、昔に比べると、レスポンスは格段に落ちて来ているのは確かです。

例えば周囲の人に、この1週間、何回バナークリックしましたかと聞いてみてください。ほとんどの人が1回もしていないと答えるでしょう。

ある意味、インターネットが定着し、何が自分にとって必要な情報かが明確になってきたということなのかもしれませんが、ますますレスポンスを上げるためのアイディア、戦略が必要な時代になっていることは確かです。

そうした中で、現在、しきりとインターネット上で繰り広げられているのは、

「いかに消費者がなびくコミュニケーションワードを見つけられるか」

という熾烈な競争です。

しかし、競争といっても、実施している広告出稿先は各社とも変わりありません。レスポンスを向上させる、刺激になりそうな言葉を、広告の文言に盛り込んで、その反応をひたすら確かめるというものです。

ただ、せっかく効果的なコミュニケーションワードを見つけられても、賞味期限は長くありません。競合他社も同じようなワードをこぞって使い出すので、とたんに新鮮味が薄れてしまうからです。

実際、数年前のことですが、あるインターネット銀行が、

「ある一定の金額以下なら、収入証明書は不要です」といった内容のバナーを出し、かなりのレスポンスを稼ぎ出したことがあります。申込時の心理障壁を下げる言葉として、消費者に印象付けられたからです。

しかし、好調な時期はすぐに終わりました。1か月もすると、業界内にも知られるようになり、2か月目には同じ内容のバナーを掲げる企業が立て続けに現われました。

第4章でご紹介した、一般商材向けの欲望刺激型コミュニケーションではなく、〝必要実感型コミュニケーション〟の話を参考にしつつ、レスポンスを生むフレーズを見つけていくことも重要です。もちろん、商品スペックが他社よりも優れていれば、それを最大限に打ち出していきます。

◉技術の進歩に合わせて必要性が高まるプロの人材

こうした状況下で、いかなる方法を駆使して、レスポンスを上げていくべきなのか。それこそ専門的な知識を有した人材が必要となるでしょう。

インターネット環境や関連技術がいくら進化しても、結局、それを使いこなし、実際に戦略を立て、刻々と変わる状況に、的確に対応することができるのは、専門的なスキルと知識をもった専門家に限られます。機械任せ、システム任せでは、効果的なコミュニケーションは行えません。

とりわけ必要になるのが、きちんとユーザーの動線を設計できる、あるいはユーザーがたどる動線を踏まえたコミュニケーション設計ができる人材です。いわゆる「金融のデジタルマーケッター」です。

この「ユーザーの動線」は、インターネットでのコミュニケーションを展開する上で、極めて重要なキーワードです。これをしっかりと把握していなければ、現在ではレスポンスの向上は図れません。

さらに、競合各社の動向や今の世の中のトレンド、金融業界の今後の傾向などもある程度予測しながら、マーケティング発想を持って数字を追える能力も必要です。

実際、私たちはこうした金融業界のインターネット広告に関する業務を行う際には、クライアントの金融機関に対して、「パソコン」「スマートフォン」「従来の携帯電話（ガラケー）」というデバイス別に、月ごとの獲得目標件数・金額をすべて設定し、提出します。それも、各広告配信会社、さらにはそのサービスごとに分けた、かなり詳細なものです。もちろん、これまでの経験から、明確なエビデンスも有していますから、自信もあります。

その上で、日々、申込件数・申込単価の推移に目を光らせ、その動向に合わせて、機動的に方策を進めています。こうした数字の分析やそれを反映させた取り組みも、マーケティング発想がなければできません。

同時に不可欠なのが、消費者マインドを読み込んだサービス展開です。これはインターネットの担当者に限らず、その金融機関を挙げて、取り組むべき問題でしょう。

実際、インターネットの登場や進化は消費者マインドにも大きな影響を与えています。以前であれば、例えば株式投資をする場合も、銀行口座から現金を引き出して、それを証券会社の口座に預け入れるというように、一度現金化するのが当たり前でした。資金の融資や返済も、実際に窓口で現金を借りて、それを窓口で返済する。これ以外の方法は考えられませんでした。

この現金化という過程を経ることで、お金のありがたみや、ある種の怖さ（心理ハードル）を、人は直感的に認識していました。

しかし今は、インターネット上で数字が右から左へ動くだけなので、お金を借りるにしても、以前とは感覚が違ってきています。言ってみれば心理的なハードルが下がっているのです。

さらにこれを利用したサービスも生まれています。

例えば、公共料金の引き落としがあったけれども、たまたま残高が足りないことを忘れていて、引き落としができなかったとしましょう。

そんなとき、銀行が融通を利かせて一時的に補てんするという商品（サービス）を利用します。

「ちょっと足りなかったから補てんしておきましたよ」

ということですが、金融機関としても善意で行っているわけではありません。

実はこれこそ「借金」（もちろん金利もつきます）なのですが、借りている側にその感覚は希薄です。

それどころか、

「銀行は気を利かせてやってもらったんだから、ありがたいな」

というような心理にさえなるわけです。

借金が嫌いな人でも、ちょっと融通してもらっているという感覚を抱かせる。これも、インターネットの力です。こうした消費者心理も十分に読み込んで、金融のデジタルマーケッターは戦略を立てていきます。

そして、外部に人材を求めるのであれば、「部分最適」と「全体最適」の両方を考えられる人材がベストです。日々の進行では部分最適を積み重ねていくことが重要ですが、中期視点でデジタル領域を戦略ベースで考えるのであれば、全体最適の視点も重要です。

他媒体との連動が強大な力を生む

◉インターネット単独では、効果は薄い。カギはマスとの連動

今、必要になっているのは、インターネットをさまざまな媒体と連動させて効果的にコミュニケーションを行っていく発想です。

コミュニケーション媒体には、テレビ・ラジオＣＭなどのマスメディア、ポスターをはじめとした紙媒体など、さまざまありますが、かつてはインターネットとそうした他媒体との連動やつながりは希薄でした。

これではトータルで見た場合、効果的なコミュニケーションは図れません。

例えば、美しいイメージの、高級感あふれるテレビＣＭをつくり、認知度を高めることに成功します。そこから消費者は商品に興味を覚えて、ホームページを訪れてみると……。

どぎつい赤色をメインとした色づかいと目がチカチカするほどの黄色い文字で、価格ばかりを訴求するコミュニケーションが行われていたとしたらどう思うでしょう。せっかくのテレビCMで訴求した、企業イメージが台なしになるばかりか、その企業そのものに不信感を持つ人も出てくるかもしれません。イメージギャップは企業柄を悪化させかねないのです。

では、インターネットも販促に偏ることなく、ブランドの訴求も目指した「ブランドコミュニケーション」に舵を切る必要があるのか。

これも適切ではありません。

もちろん、ホームページ上で企業柄を分かりやすく訴求する努力は必要ですが、インターネットはブランドの訴求に適したコミュニケーション手法とは言えないからです。テレビCMは映像（視覚）と音（聴覚）をフルに使って、企業イメージをつくり上げていきますが、インターネット広告では音はまず使わないのが一般的です。

従って、クリエイティブな観点からみれば迫力不足になりがちで、視聴者を引き付ける世界観を十分につくり上げることは困難です。

その意味で重要になってくるのが、他媒体のコミュニケーション、とりわけマスメディア（テレビCM）との連動です。

つまり、マスメディアとインターネットのコミュニケーションを、いかにスムーズにつなぐかということが重要になっているのです。実際、ここ3年ぐらいの間にクライアント側の意識も変わり、ブランドの統一性をかなり重要視するようになってきました。

以前は宣伝部がマス広告、各事業部やホームページを管理するシステム企画部がインターネット広告を担当するのが一般的でしたが、今では宣伝部の中にコミュニケーション管理とレスポンス管理を行うセクションを設ける企業が増えています。

さらに、近年はテレビCMのエンドショットに、インターネットの「検索窓」を映すCMも一般的になってきました。

テレビCMで気になった人は、各企業のホームページを訪れてくださいということを表すアイコンですが、各社ともCMとインターネットの連動性をいかに重視しているかが、ここからも分かるでしょう。実際、金融コミュニケーションでは、

①テレビCMで金融機関や商品に興味を持ってもらう

②ホームページのランディングページ（着地点）で申込してもらう

という一連の流れ、コミュニケーションの動線が確立されてきました。

◉全体のコミュニケーションの中で、インターネット戦略を考える

最近はさらに、もっと踏み込んで、インターネットをよりコミュニケーションの全体戦略の中枢に位置付ける動きも出てきました。

これも大きな変化です。これまではマスメディアとの連動が図られたといっても、マスが「主」でインターネットが「従」といった関係がありました。

すなわち、マスによるコミュニケーション展開が決められてから、どうそれを刈り取るかというレベルで、インターネットの展開の在り方、位置づけが決められていたのです。

しかし、今では全体の戦略に基づいて、インターネット戦略が図られるようになりました。よりコミュニケーション連携が密接になってきたというわけです。

これが非常にうまくいったのが、私たちも立ち上げから協力させていただいている、大和ネクスト銀行の取り組みです。

大和ネクスト銀行は2011年4月に銀行営業免許を取得、翌5月からサービスを展開していますが、開業から3年たたずに90万口座の開設に成功。預金残高も開業半年後には1兆円を超えました。

この際に、私たちがとった作戦は「時系列型ターゲット戦略」でした。

まず、直接的なメリットが高い、大和証券ユーザー（大和証券口座保有者）を優先ターゲットに設定。この中には、オンライントレードを利用するA層と、店頭での有人取引が中心のB層がありますが、まずはこの二つの層に優先的にアプローチしました。

次いで、ネットリテラシーが高い投資家（他証券会社口座保有者）のC層、ネット銀行利用者やオンライントレードなどを利用したことがあるE層、投資家の中でネットリテラシーが低いD層、最後に投資家でもなく、ネットリテラシーも低いF層と、優先順位のランク付けを決定しました。新銀行の特性を考えると、ネットリテラシー×投資志向の高い順に開拓するのが効率的だと推測されたからです。

そして、それぞれのターゲットごとに、どうアプローチしていくか、どのコミュニケーション法を用いるかを定めてから、各種詳細なプロモーションを展開していったのです。従来はこうした総合的なマーケティング戦略、ターゲット戦略に落とし込んだ形で、コミュニケーションが展開された例は、ほとんどありませんでした。

また、大和証券には、全国に店舗網を持つというネットバンクにない「強み」がありました。この「強み」を活かすため、インターネット戦略にもマス広告（地方紙、折込広告含む）との連携が必要と考えました。

時系列型ターゲット戦略

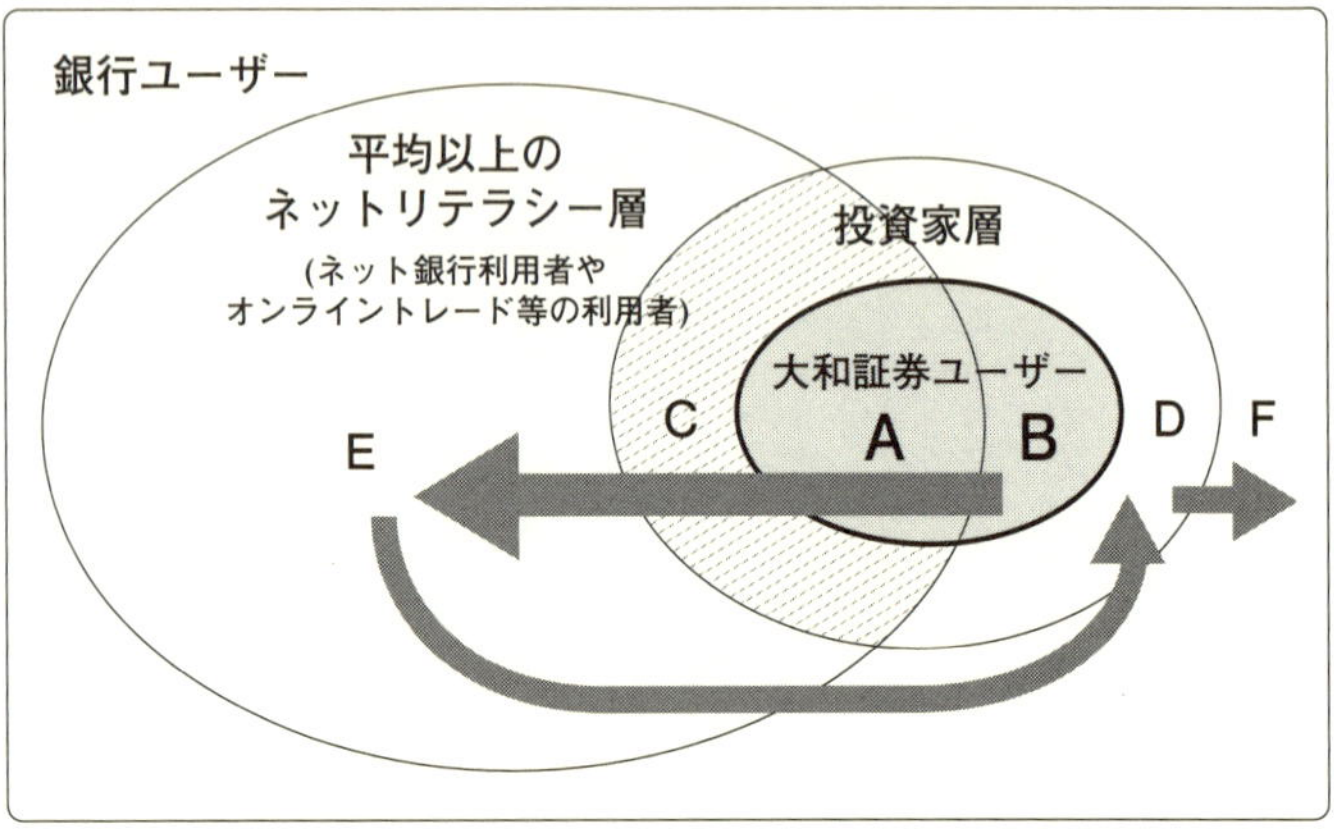

A：大和証券ユーザーで、オンライントレードを利用

B：大和証券ユーザーで、店頭での有人取引が中心

C：オンライントレードをしているネットリテラシーが高い投資家

D：投資家の中でネットリテラシーが低い層

E：ネット銀行利用やECサイト利用に抵抗のない層

F：投資家でなく、ネットリテラシー低い層

開拓の優先順位仮説：A・B→C→E→D→F

まず、直接的なメリットが高い、大和証券ユーザー（A・B）を優先ターゲットに設定。次いで、この銀行の特性を考え、「ネットリテラシー×投資志向」の高い順に開拓するのが効率的だと推測された

しかも、これまではマスの広告展開は総合広告会社が担い、インターネット展開はインターネットに強い広告会社が担当するという形で、マスとインターネットの展開に大きな溝ができてしまうといった課題もありました。

しかし、このケースでは、マスコミュニケーションもインターネット展開も、同じ組織の中で実施することができたために、戦略や情報も共有、常に意見交換を行いながら取り組みを進めることができました。

従来の課題を見事に解決した好事例と言えるでしょう。

もう一つ、コミュニケーション連携という点で、お伝えしたいのは、クロスコミュニケーションの展開です。テレビCMとの連動性に限らず、さまざまなメディアを総動員させたコミュニケーション展開です。

例えば、朝起きて、テレビでCMを見る。

通勤途中に電車の中吊り広告を目にする。

同時にスマートフォンで同じ広告も見る。

さらに、会社ではパソコンの画面でヤフーのニュースを見ながらバナー広告が目に入る。

そして夜に、SNSで情報交流をしている最中にも、同様の広告が出てくると、

「何かこれ、いっぱい出てくるけど、最近世の中で流行しているんじゃないか」

と、消費者に興味を持たせることもできます。

実際、ＡＤＫはこうしたメディア横断的なコミュニケーションを得意としています。

◉インターネットだからこそ力を入れたい〝消費者へのおもてなし〟

金融機関にとって、ホームページはいわば商品を販売する店舗であり、企業柄を紹介するショールームでもあります。

ホームページのデザイン次第で、消費者への十分なおもてなしができるか、企業柄を紹介できるか、商品購入につなげられるかが決まってきます。

ここで欠かせないのは、顧客像に基づいた臨機応変の対応です。

例えば楽天のホームページは、デザイン上の大枠や、キャンペーンの訴求内容も共通ですが、一人一人、過去に買った商品や直前に見られた商品に合わせたつくりになっているので、1万人いたら1万人のトップページが形づくられます。

また、頻繁に訪れる店舗のキャンペーン情報なども、その顧客やエリアごとに分けて出しています。こうした消費者一人一人に応じた戦略が、金融でも必要になっています。

これまでは、万人に同じ情報を見せるというのが当たり前でしたが、今では消費者の状況やニーズを把握し、本人が欲しいと思っているだろう情報を的確に出すことが求められているのです。

さらに、既に取引をしている消費者に関しては、あえて企業柄を大々的に訴える必要はありません。むしろ、その消費者が求めている、必要な情報をいかに最短動線で見せられるかが問われます。

しかし、まだ取引していない消費者に対しては企業柄を示したり、ニーズに応じた商品説明をていねいにしていくことが重要です。

例えば、カードローンを例にとって考えてみましょう。

カードローンの利用者は、

「今日すぐに借りたい人」「できるだけ安く借りたい人」「計画的に借りたい人」の3パターンが存在しますが、クライアントである金融機関がどういった消費者を主要ターゲットにしているのかに基づいて、訴求方法やページのデザインも大きく変えていくのが普通です。

さらに、再来訪を促す工夫も必要です。

最近は、先に説明したリターゲティングの手法も確立し、どういう頻度でどういう順番で見せるとユーザーの再来訪につながるのかを詳細に追跡しなければ、消費者の獲得が難しい時代に入っています。

適度な距離と適切な頻度で、

「先日お越しいただきましたが、いかがでしょうか」

とセールストークのような形で、適切にバナーを出すなどのフォローが欠かせません。

実際、これはとても効果的です。無機質なページの中で、自分に対する特別なメッセージとして消費者の印象に残ります。

「そういえばブックマークし忘れたけど、この会社だったたか」

というように、リマインドされる可能性が高まるのです。

このように、ある種のカスタマイズされたメッセージを入れ込むことで、消費者の記憶にとどめる、ちょっとした工夫と努力が必要なのです。

さらに、定期的に1回目から3回目まではこの訴求、4回目から6回目はこの訴求というように、バナーの文言も変えていけば、第2章で説明した「人肌感」の訴求にもつながります。

◉今後のメディア環境の変化と取るべき戦略

それでは、ここからは今後、金融マーケティングやメディア戦略はどのように変化するかという予測のもとに、いかなる戦略を取るべきかという観点から、代表的な概念やキーワードについて説明していきましょう。

●ビッグデータの活用

まずご紹介するのはビッグデータの活用です。

ビッグデータという言葉自体、メディアでも頻繁に取り上げられるようになりましたし、書店には関連の書籍も増えています。ご存じの方も少なくないでしょう。

さまざまな分野で、ビッグデータの活かし方が話題になっていますが、金融でも例外ではありません。

特に重要なのは、特定のオーディエンスに関するデータを活用しながら、見込み客を分析し、適切な金融マーケティングに活かす取り組みです。

アドテクノロジーが進化した現在では、そうした仕組みも着々と生まれてきています。

詳しく見ていきましょう。

左の図にあるように自社が保有するデータに限らず、インターネット広告配信データやソーシャルメディア、これまで蓄積されてきた購入履歴などの顧客情報、第三者データを含めて、総合的に情報を一括して管理することで、マーケティング施策の最適化を行うことが可能になります。

ちなみに、こうしたオーディエンスデータを管理する仕組み自体を、「プライベートデータマネジメントプラットフォーム」（プライベートＤＭＰ）と呼んでいます。

日本では、現時点ではまだ黎明期の状態ではありますが、２０１３年4月以降、ＤＭＰ市場に参入する企業も徐々に増えています。

プライベートＤＭＰのメリットは大きく四つが挙げられます。

一つ目は性別や年齢、居住地域、所得、職業、学歴、家族構成など、「デモグラフィック情報」（人口統計学的属性）を可視化できることです。

さらに、各種調査（定量調査、定性調査）結果との連携を行えば、趣味嗜好などの情報も加えていくことができます。

二つ目は、ソーシャルメディアデータの活用です。

自社の会員ＩＤとソーシャルメディアデータを連携することで、やはりユーザーの趣味

プライベートDMP

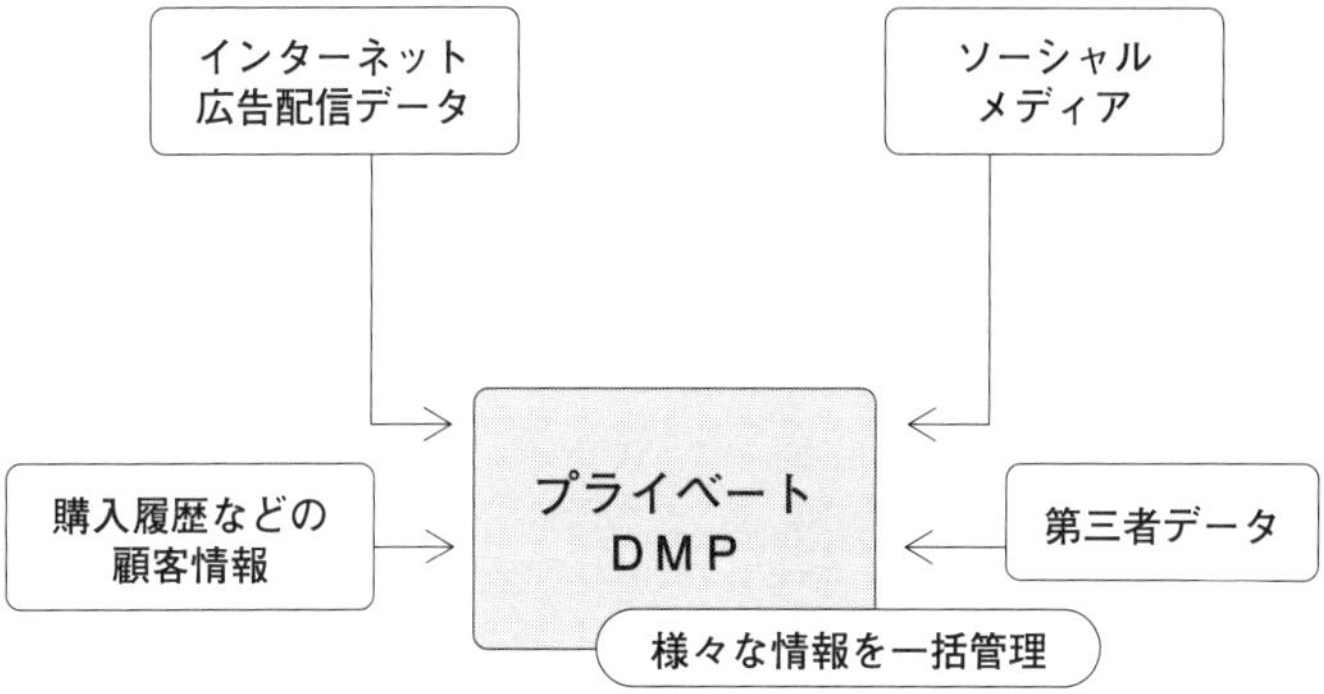

総合的に情報を管理する仕組みを「プライベートデータマネジメントプラットフォーム」（プライベートDMP）と呼ぶ。一括的に管理することで、マーケティング施策の最適化を行うことができる

趣向、ライフスタイルなどの情報を取得することが可能です。

三つ目としては、さまざまなデータを基に分析、作成した「顧客像」を利用し、類似行動をとっているユーザーへ拡張利用することです。これにより、自社の見込顧客や、ターゲットリーチを最大化させることもできるようになります。

このようにして、基幹システムだけではなく、データをマネジメントしてインターネットのデータと連携させながら、細分化した顧客分類を行えるところに大きな可能性を秘めています。

四つ目としては、オーディエンスデータを社内で総合的に管理、共有することで、部署横断的な情報活用の促進も期待できます。

かつては、クライアント自体も組織が分断されていて、例えば広告寄りの話は広報宣伝部、自社サイトアクセスはシステム企画部、実際の顧客管理はカスタマーサポート部というように縦割りになりがちでしたが、一括的に情報管理することで、そういった弊害もなくなります。

●ＣＲＭ領域

前項の「プライベートＤＭＰ」とも関連しますが、詳細な顧客情報に基づいて、商品の購入や各種サービス、問い合わせやクレーム対応など、個々の顧客とのすべてのやり取りを一貫して管理するのがＣＲＭ（Customer Relationship Management）というシステムです。

これもビッグデータの一種ですが、このＣＲＭの領域をいかに広げるか、新しい情報を付け加えていくかが、効果的なマーケティングを行うカギとなっています。

かつての顧客情報は、申告ベースを基にしたユーザー登録が基本でした。

例えば、10年前に登録したポイントカードを持っているとします。当然、登録データは10年前のものです。

その古いままのデータに基づいて、商品紹介などの広告配信が行われても、有益な情報は届きません。そのころと今とでは、住んでいる場所や家族構成や世帯年収も変化しているからです。

そこで、大事になってくるのが、今どこに住んでいて、どんな生活状況で、直近の取引実績がどうなのかといった最新の顧客データに基づいた広告配信です。

それを可能にするのが、さまざまな情報を一括管理し、ＣＲＭ領域を拡張すること。これにより、精度の高いマーケティングが可能になります。

ちなみに、こうしたビッグデータ活用のキーとなるのが、インターネット上でクッキーと呼ばれるものです。

そのクッキー情報と、その利用者が訪れたウェブサイトのネットワーク上にあるクッキー情報を共通認識させると、ほぼ1年間で、顧客属性の何百万件のデータのうち半分ぐらいは分析できます。

具体的には、ログイン前のページに、ある共通のタグを埋め込むのですが、これが一致すると、サイトを訪れた瞬間にそこにイコールが働きます。

一度この仕組みをつくってしまえば、その人に合った精度の高い配信が可能になります。

●動画広告の活用

金融コミュニケーションが進化するに当たって、だんだんと商品購入に至るまでの道筋、導線は確立されてきました。

①まずはテレビCMや交通広告による「認知」の獲得から始まります。ここで、なるべく多くの人にサービスやブランドの認知を広げていきます。

②次にブランドや商品理解の促進、深化に努めます。

③最後に電話や店頭、あるいはインターネットのランディングページで申込に至らせます。

インターネットはこの②のブランドや商品理解の促進、深化というレベルでも、重要な役割を担います。

しかし、言うは易し行うは難しで、インターネットから商品の内容や特徴などを説明しようとすれば、かなりの情報量になってしまいます。それを消費者に読み込んでもらうのは至難の業です。

とはいえ、消費者に商品内容を理解してもらえなければ契約してもらえません。

そこで、現在、注目を集めているのが動画広告の配信です。実際、２０１４年、今年が動画広告元年ともいわれていますが、制作費もぐっと安価になり、世の中に普及する条件が整ってきました。

特に有効なのが商品説明の動画コンテンツです。

現に、テレビのＢＳ放送やＣＳ放送では、1分半や2分間を使って、分かりやすく商品理解や利便性の訴求につなげるＣＭを流しています。

コンパクトながら、要点をとらえて、商品説明を的確に行い、かつ共感を誘う。そんな動画広告をインターネットで配信することで、消費者の商品理解や購買意欲を高めることができます。

さらに、動画広告は、テレビＣＭを補完できるというメリットもあります。

最近は若者のテレビ離れが顕著です。実際の調査においても、テレビCMの若い層の認知率はのきなみ低下しています。その一方で、インターネットの影響率は増しています。従ってインターネットで見られる動画広告は、マーケティング上の大きな武器になります。

さらに、動画広告は、テレビとの比較の上でも優れた点があります。

テレビは、「数メートルのメディア」と呼ばれているように、家庭でテレビを視るときは必ず1メートル以上は画面から離れます。

さらに、テレビは、食事をしながら、会話をしながらといったように「ながら視聴」になりがちです。

一方、パソコンやスマートフォンはまさに目の前に画面を置いた形で、しかも「ながら視聴」ではない、「完全視聴」に近いスタイルで視聴するのが一般的です。そのために、少ない接触回数で認知率を上げることができると言われています。

先ほど、商品説明のコンテンツについて紹介しましたが、テレビCM自体をインターネット上で配信するのも一つの手です。テレビを視聴していない若者たちなどには、有効な認知アプローチとして機能します。

動画広告やテレビCMを、ユーチューブにアップしておくことも有効です。

動画媒体を見ている日本人は、ユーチューブだけでも5千万人、それ以外の動画媒体を含めると6千万人、実にインターネットユーザーの約6割が動画媒体に接触していると言われています。

例えば、イチローのファンが、「イチロー、ナイスプレー」とキーワードを入れて検索するとします。

すると、イチローがプレーしている多くの動画とともに、イチロー関連のCMなども20本ぐらい出てくるので、そこでCMも見てもらうことができます。

◉デジタルネイティブである若者向けの「囲い込み」

金融が次のターゲットとして重要視しているのは若者です。早いうちに口座をつくってもらうことで、その後クレジットカードをつくってもらったり、将来的には自動車や家のローンを組んでもらったりという形で、長いお付き合いを続けられる可能性が高まります。

近年若い世代で急速に普及したメディアはライン（LINE）でしょう。

フェイスブック（facebook）の場合、利用者の中心は30代40代で、そのつながり方はいささか緩いところがありますが、ラインは若者たちの日々のコミュニケーションツールとして、頻繁に利用されています。

そこで、ラインアット（LINE@）という、商圏ごとに区切って展開できる低料金のプランを導入し始めている地銀もあります。

現在、ラインアットをうまく取り入れている企業の一つがパルコです。パルコは地域ごとに入っているテナントや客層ががらりと変わるので、全社的に一斉に何かするよりは、個別の対応が効果を上げます。

そこで、店舗ごとにメッセージが発信できるようなエリア密着型のコミュニケーションに役立てています。

現在、金融全般に関する若い世代の意識は変わりつつあります。

彼らにとっては、ＡＴＭで現金を引き下ろすよりも、インターネットでオンラインバンキングをしたり、電子マネーやおサイフケータイを使用する方が楽だしスマート。抵抗なく利用します。

今後はこうしたデジタルネイティブの若者が市場の主流派を形成しますから、オンライン決済なども、ますます利用されるようになります。

実際の話、金融機関ではＡＴＭの数を減らす方向で動いています。

「以前は三つあったＡＴＭがいつのまにか二つに減っている」

そんな光景に出くわした方も少なくないでしょう。

稼働率の高いＡＴＭは24時間稼働にして手数料も入るようにし、稼働率の低いＡＴＭは撤去する。そうした流れが厳然としてあるのです。

中高年層の存在を考えれば、全面的なシフトは難しいものの、オンラインバンキングへ移行するようにという、金融機関側の意図がそこには含まれているのでしょう。

金融のＩＴ化はこれからも絶えず進化していきます。

ＩＣカードや電子マネーの連携もここ数年で各段に進みました。

例えば交通事業者のプリペイド型電子マネー。従来、Suica はＪＲ東日本、ICOCA はＪＲ西日本、SUGOCA はＪＲ九州というように、その管内でしか使えませんでしたが、今では全国の主要都市どこででも使えます。

このように、ＩＣカードや電子マネーの利便性はますます高まっていくことでしょう。2、3年もしたら、今では想像できないようなサービスが誕生し、一般化しているかもしれません。

金融業界もそうした流れに乗り遅れることなく、新しいサービスの提供、効果的なコミュニケーションの在り方について、模索し続けなければいけないでしょう。

おわりに

1999年5月、広告会社アサツー ディ・ケイ（ADK）に、「金融プロジェクト」が発足してから約15年、その間、実に250社を超える金融関連のクライアント様のコミュニケーション活動に関わってきました。

発足から数年後には、コミュニケーションに留まらず、商品・サービス開発、チャネル開発、そして事業設計&シミュレーションといった、ビジネス・コンサルまで求められるようになり、結果、我々の役割は拡がって行きました。

2014年、新社長における新たなビジョン「Consumer Activation」が打ち出されたのを機に、名称を「金融カテゴリーチーム」に変え、クライアントの真のビジネスパートナーとして、〝結果に徹底的にこだわる〟より実践的なチームとして、新たなスタートを切りました。

この本は、新生「金融カテゴリーチーム」発足にあたって、これまで約15年に渡り培ってきた「金融コミュニケーション・マーケティング」のノウハウを、生活者の「お金と心理」の視点から、できるだけ分かりやすくシンプルにまとめ上げた、「Consumer Activation」の実践書です。

金融に携わるすべての方、そして、金融に限らず、「マーケティング」をお仕事とされている方々には、必ずや何らかのヒントが見いだせるものと信じています。

最後に、この本を出版するにあたってご協力いただいた、金融関連のクライアントの皆様、ＡＤＫ営業（金融）担当のメンバー、外部協力会社の皆様、そして最初から最後まで辛抱強くお付き合いしていただいた、株式会社プレスコンサルティングの樺木宏様、エディット・セブン様、ありがとうございました。

心より感謝いたします。

ＡＤＫ金融カテゴリーチーム・リーダー　**森永　賢治**

< 著者紹介 >

ADK 金融カテゴリーチーム

あらゆる金融関連クライアント（銀行・保険・証券・ノンバンク等）に、ビジネスパートナーとして、約15年にわたり蓄積された金融コミュニケーションのノウハウで、最適な解決法を提供する専門チーム。
「お金と心理の関係」を追究し、これまで関わった金融関連のクライアントは250社以上、事例とノウハウの蓄積量およびそのユニークな分析視点は他に類を見ない。

森永 賢治（もりなが・けんじ）

1992年、ADKに入社。通信、食品、化粧品、ファッション関連商品のマーケティング・ディレクターを経て、「金融プロジェクト」リーダーに就任。現在、ストラテジック・プランニング本部長（金融カテゴリーチーム・リーダー兼務）。JMAマーケティングマイスター。

中井川 功（なかいがわ・いさお）

ADK金融カテゴリーチーム・サブリーダー。シニア・クリエイティブディレクター。銀行、証券、生保、損保ほか、あらゆる金融商品の広告制作を手掛ける。実績・受賞多数。

堉原 武（はいばら・たけし）

2003年入社。デジタルビジネス本部プランニングディレクター。金融業態のデジタル広告に関連する領域を幅広くプロデュース。金融マーケティングセミナーでの講師経験も多数。

「お金と心理」の正体

2014年10月8日　初版第1刷発行

著　者　ADK金融カテゴリーチーム
発行人　佐藤有美
編集人　渡部　周

ISBN978-4-7667-8584-5

発行所　株式会社　経済界
〒105-0001　東京都港区虎ノ門1-17-1
出版局　出版編集部☎03（3503）1213
出版営業部☎03（3503）1212
振替 00130－8－160266
http://www.keizaikai.co.jp

組版　㈲後楽舎
印刷　㈱光　邦